現代経営と
Network and Management
ネットワーク
【新版】

岸川典昭　中村雅章
Kishikawa Noriaki　*Nakamura Masaaki*

［編著］

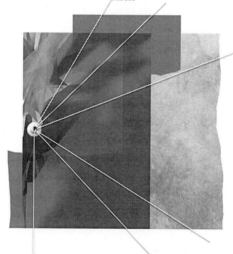

同文舘出版

まえがき

　最近まで，郵便がそして電話が社会の隅々にまで行き渡るコミュニケーションの手段としてユニバーサルな役割を果たしてきた。今日ではその役割を情報通信ネットワークが果たすようになってきている。社会，組織，個人は，情報通信ネットワークを媒介として人的ネットワークを複雑に，そして緊密につなぎ合わせ，さまざまな新しい関係を生み出してきている。

　情報通信ネットワークは，1990年代に入ると加速度的に進展し，インターネットの登場と爆発的な普及によって，世界中をおおうようになった。情報通信ネットワークは，国境はもちろん既存の産業や企業の枠組みを瞬時にして飛び越えるだけでなく，産業間や企業間の枠組みをも大きく変える重要な要素になっている。さらに，情報通信ネットワークは，家庭をも変え，そして家庭をより社会や企業と密接に結びつける大きな要素になってきているし，行政・企業・家庭を「自動的に」結びつけて，「いつでも，どこでも，誰とでも」コミュニケーションができるようにしつつある。その結果として，これまでとは異なる組織や行動(文化も含めて)が，それぞれの，また相互の，そして複合的な領域において生じてきているのであり，しかもボーダーレスな世界が生まれつつあるのである。

　情報通信ネットワークの発展によって，今日に至るまでの情報化の進展が，主に情報技術の発展に大きく依存していたのに対し，これからは情報技術そのものが多様に，そして多角的に発展していくといえる。それゆえに，社会や企業自身がこれら多様な情報技術をいかに受け入れ，利用するかが大きな問題となっていくし，それによって社会や企業自身が変わっていく方向も大きく違っていくものと思われる。これまでタイム・ラグ(timelag；時間的ずれ)を伴いながら技術の発展が制度(system)を変え，制度の変更が組織(organization)を変え，その変革が社会全体の構造を大きく変えてきたが，情報通信ネットワークの利用の仕方こそが社会のあり方，企業のあり方，家庭のあり方を，そしてそ

の効率性，革新性，創造性を大きく変えていくと思われるのである。

　情報通信ネットワークは，経済のグローバル化のなかで，企業経営のあらゆる部分のコミュニケーションを結合する手段として驚異的な発展を遂げてきており，ネットワーク化はまさに，経済・経営のブレイクスルー（breakhtrough；新機軸）であり，パラダイム変換を実現していく原動力となっている。それはまた，デジタル情報社会，あるいはサイバースペース革命の到来を意味しているのである。

　本書は，今日著しく発展する情報技術（Information Technology：IT）が企業経営の各方面に対しいかなるインパクトを与え，その結果多様な経営活動がいかに生み出されるかを，ネットワーク（情報通信ネットワークまたは人的ネットワーク）をキーワードとして企業内部および企業間の経営活動（個人行動，グループ行動や組織行動）とネットワークの相互作用によって新しく生じてきている関係や意味を考察し，21世紀における企業経営の方向性や革新性を多角的な視点から展望するものである。

　本書は，急激に変化する経済・経営環境のなかで，多様化・複雑化する現代経営，そしてネットワークに対して，多様な関心・見解を有する若手研究者を中心にして，その成果をまとめたものである。専門領域の異なる執筆者および編集者との間でインターネットを利用して共同作業を進めていった。そして全体の内容や用語の統一などについては最終的に編著者が調整を行なった。なお，変化の激しい分野であるだけに読者各位の忌憚のないご意見をいただければ幸いである。

　最後に，旧版が出てから数年が経ち変化が著しいこの分野で修正を，または新しく書き直す必要を感じていたときに，本書の出版を快くお引き受けいただき，その上完成までに辛抱強くお待ち頂いた同文舘出版の取締役編集局長の市川良之氏と編集部の方々の御厚意に心から感謝し，御礼を申し上げます。

2009年2月

編　著　者

目次

第1章 現代経営と情報化 ———————————— 3

第1節 経営環境の変化 …………………………………………… 3
 1. 20世紀から21世紀への経営環境の変化　3
 2. 情報化の流れ　4　　3. ホワイトカラー業務の変容　6
 4. 大量生産から多品種少量生産へ　7
第2節 アメリカ企業の行動環境 ………………………………… 8
 1. アメリカ経済と情報化　8
 2. アメリカ企業とネットワーク化　9
第3節 日本企業の行動環境 ……………………………………… 11
 1. 日本経済と情報化　11　　2. 日本企業とネットワーク化　13
第4節 ネットワーク化と組織変動 ……………………………… 16

第2章 ネットワーク技術の発展 ———————————— 21

第1節 コンピュータの利用形態 ………………………………… 21
 1. バッチ処理　21　　2. ホスト端末システム　22
 3. コンピュータ間通信　22
第2節 コンピュータ・ネットワーク …………………………… 23
 1. LAN（構内通信網）　23
 2. クライアント／サーバー・システム　24
 3. ダウンサイジングとマルチ・ベンダー　24
 4. 技術を共有するためのオープン化と標準化　25
第3節 インターネットの技術と応用 …………………………… 25
 1. インターネット発展の歴史　25
 2. インターネットの仕組み　26
 3. 経営活動とインターネット　31

第4節　情報セキュリティの重要性 …………………………………… 33
　　　1．情報セキュリティの目的　33　　2．情報セキュリティ技術　34

第3章　経営情報システムの発展　　　41

　第1節　企業へのコンピュータ導入の始まり ………………………… 41
　第2節　意思決定支援指向の情報システム …………………………… 43
　　　1．経営情報システム（MIS）　43
　　　2．意思決定支援システム（DSS）　48
　第3節　業務プロセス支援指向の情報システム ……………………… 50
　　　1．戦略的情報システム（SIS）　50
　　　2．オフィス・オートメーション（OA）　51
　第4節　1990年代以降の動向 …………………………………………… 53

第4章　経営戦略とネットワーク　　　59

　第1節　経営戦略の概要 ………………………………………………… 59
　　　1．経営戦略の定義と構成要素　59　　2．経営戦略の階層性　60
　　　3．経営戦略の2面性　62
　第2節　多角化戦略 ……………………………………………………… 63
　　　1．アンゾフの成長ベクトル　63
　　　2．プロダクト・ポートフォリオ・マネジメント　64
　第3節　競争戦略 ………………………………………………………… 65
　　　1．ポーターの競争戦略論　65　　2．経営資源と競争優位　68
　第4節　外部資源活用戦略 ……………………………………………… 69
　　　1．代表的な戦略的手段　69
　　　2．企業間ネットワークのマネジメント　70
　第5節　ネットビジネスの経営戦略 …………………………………… 72
　　　1．ネットビジネスの進展と特徴　72
　　　2．ビジネスモデルによる競争の実際　73
　　　3．ビジネスモデルの設計原理　75

(5)

第5章　組織とネットワーク ── 79

第1節　組織の捉え方 ……………………………………………… 79
　1. 組織の概念　79　　2. 公式組織と非公式組織　80
　3. 組織構造と組織プロセス　81
第2節　組織と環境 ………………………………………………… 82
　1. 伝統的組織論　82　　2. コンティンジェンシー理論　82
　3. 組織の環境適応と組織パラダイム　83
第3節　組織形態 …………………………………………………… 84
　1. 職能別組織と事業部制組織　84
　2. マトリックス組織とプロジェクト組織　86
　3. ネットワーク組織　87
第4節　組織と電子コミュニケーション ………………………… 87
　1. 組織コミュニケーションの重要性　87
　2. 電子コミュニケーションの技術特性　88
　3. 電子コミュニケーションの組織への影響　89
第5節　ナレッジ・マネジメント ………………………………… 91
　1. ナレッジ・マネジメントと知識ワーカー　91
　2. 知識創造プロセス　92
　3. ナレッジ・マネジメントの実践　93

第6章　マーケティングとネットワーク ── 99

第1節　マーケティングの変遷 …………………………………… 99
　1. マーケティングの定義　100
　2. マーケティング・コンセプト　101
第2節　現代の市場環境 …………………………………………… 102
　1. 販売における不確実性の増幅　102
　2. 消費財取引の変容　102
第3節　関係性マーケティング …………………………………… 103
　1. 関係性マーケティングとは　104
　2. ワン・トゥ・ワン・マーケティングの台頭と限界　105

第4節　ICTを活用した関係性マーケティングの実際 …………… 106
　1. オンライン・コミュニティ　106　　2. ICカード　108
　3. コールセンター　109　　4. 消費者参加型製品開発　110
　5. 携帯インターネット　111　　6. 小括　114

第7章　製品開発とネットワーク ─────── 117

第1節　製品開発の概要 ……………………………………… 117
　1. 製品開発と企業間競争　117
　2. 製品開発システムと競争優位　118
第2節　製品開発のプロセスと組織 …………………………… 119
　1. 製品開発プロセス　119　　2. 製品開発組織　121
第3節　製品開発のマネジメント ……………………………… 122
　1. コンカレント・エンジニアリング　122
　2. プロセス間の調整　124
第4節　製品開発を支援する情報技術 ………………………… 126
　1. CADからコンカレント・エンジニアリングへ　126
　2. コンカレント・エンジニアリングの情報基盤　127
第5節　自動車メーカーの事例 ………………………………… 129
　1. 1980年代の製品開発プロセスと情報ネットワーク　129
　2. 1990年代の製品開発プロセスと情報ネットワーク　130

第8章　生産とネットワーク ─────────── 135

第1節　生産の概要 …………………………………………… 136
　1. 生産の意味と基本機能　136　　2. 生産管理　136
第2節　生産情報システム …………………………………… 138
　1. 生産情報システムの機能と構成　138
　2. 生産情報システムの発展　141

第3節　自動車生産と生産情報システム……………………………144
 1．自動車の製造工程　144
 2．自動車メーカーの生産情報システム　145
第4節　自動車産業における情報ネットワークの展開……………149
 1．グローバル化の段階と生産システム　149
 2．生産情報システムの再構築　150

第9章　会計とネットワーク　157

第1節　企業経営と会計……………………………………………158
 1．経営における会計の役割　158　　2．外部報告のための会計　159
 3．内部報告のための会計　160
第2節　会計情報のネットワーク化………………………………162
 1．企業内ネットワークの活用　162
 2．企業外ネットワークの活用　164
 3．会計帳簿および開示の電子化　166
第3節　ネットワークによる会計情報と業務情報の融合化………167
 1．会計情報システムの変遷　167
 2．プロセス革新における活用　168　　3．業務統合における活用　170

第10章　情報システム開発とネットワーク　175

第1節　大型汎用コンピュータ時代の情報システム開発…………175
 1．部門指向の情報システム開発　175
 2．統合情報システム構築への気運　177
第2節　オープンシステム時代の情報システム開発………………181
 1．クライアント／サーバー導入とパッケージ指向　181
 2．インターネット時代の新たな開発課題　182
第3節　XML技術による半構造データ活用システムへの展望……185
 1．構造的データ　185　　2．半構造データとXML　185

第11章 中小企業とネットワーク ── 195

第1節　中小企業のネットワーク化と情報化 ………………… 195
第2節　中小企業のネットワーク化とIT ……………………… 197
　1. 企業間連携とeMP　197
　2. 異業種交流とオンライン・コミュニティ　199
　3. 産学官連携　200
第3節　中小企業の情報化とネットワーク …………………… 202
　1. ITコンサルタントとITベンダー　202
　2. ITアウトソーシングとASP　204
　3. サービス委託企業と受託企業との関係　206
第4節　経営者の課題 …………………………………………… 207

第12章 ネットワーク経営の未来 ── 213

第1節　変化する関係 …………………………………………… 213
　1. 企業間の関係　214　　2. 企業消費者間の関係　215
　3. 消費者間の関係　216
第2節　デジタル・ネットワークが誘因するグローバル競争 ……… 216
第3節　デジタル・ネットワーク社会におけるビジネスモデル …… 217
第4節　デジタル・ネットワーク社会における国際マーケティング戦略 ‥ 220
第5節　デジタル・ネットワーク社会における競争戦略 …………… 222

索　　引 ── 227

現代経営とネットワーク
[新版]

第①章

現代経営と情報化

―― 本章のまとめ ――

① 21世紀を迎え，社会・経済・生活のあらゆる方面で情報化が進んでいる。とくに，経営においては，大量生産から多品種少量生産へと経済・経営環境が大きく変わるなかで，業務の流れ，生産・販売などの流れが情報化の発展とともに変わりつつある。

② 第2次世界大戦後のアメリカと日本における経済・経営環境の変化と情報化のダイナミックな変化は，両国における企業の経営行動や雇用形態を大きく変えてきている。

第1節　経営環境の変化

1．20世紀から21世紀への経営環境の変化

1990年代に「IT革命」によって急成長したアメリカ企業は，ベンチャー・ビジネスの成長を経済の原動力とするため，投資家を重視して企業活動の目的を「株主価値の最大化」に置くようになった。そして，そのために最も効率的で透明性の高いガバナンス・モデルとして，社外取締役が株主の利益の立場から経営者を監視するシステムを企業に導入した。

しかし，1998年にヘッジファンドLTCMが，2000年にはネットバブルが崩壊し，そして粉飾決算やインサイダー取引，経営者の不正報酬取得や会社財産の私的流用などにより，2001年末にエネルギー商社エンロンが，2002年7月に

は全米第2位の通信会社ワールドコムが破綻した。このように，1990年代に急成長したアメリカ優良企業が相次いで崩壊していったことで，アメリカ型コーポレート・ガバナンスが問題になるようになったのである。すなわち，「現在のアメリカ資本主義の動揺は，最先端にあると考えられてきたアメリカ企業のコーポレート・ガバナンスの実態を見直し，目指すべき企業経営を考え直す契機となろう」[1]といわれるようになったのである。

　しかし，この問題が決定的になったのは，2008年秋のサブプライム問題を原因とするリーマン・ブラザーズの破綻をきっかけとした経済のカタストロフィー（周期的な秩序だった現象のなかから不意に発生する無秩序な現象）の出現であった。この破綻はアメリカ経済全体のみならず世界経済にも大きな影響を及ぼして，「金融危機」または「世界恐慌」といわれる問題を起こしているのである。この背景には，あらゆる分野の生産過剰の問題があるといえる。サブプライムの問題は，家のローンの回収が低い人たちにローンを設定して強引に住宅を売っていった結果であり，さらにそのように危険性の高いローンを債権化して世界的に拡大していった結果であるといえる。この種のローンの拡大すなわち金融的拡大は，実体経済における過剰生産をますます拡大し，その回収の危険性を高めていったのである。

　情報の必要性は，そもそもは企業の行動の健全性を維持していくためのものであったが，実体経済から遊離した金融的拡大は，企業行動の健全性を危うくするとともに，必要以上に情報の需要を拡大していったといえる。しかし，このような問題は生じているが，実体経済は着実にグローバル化しており，緊密化する世界のなかで企業が健全な行動を維持していくためにも，情報の必要性はますます増大していっているのであり，その意味で情報化・ネットワーク化をより一層進展させていくことが重要になっているのである。

2．情報化の流れ

　1990年代初めのバブル経済の崩壊は，高度経済成長によって成熟化してきた日本経済および日本企業の行動を大きく変えてきた。基本的には省力化，効率

化，スピード化がより一層追求されるようになった。SCM（サプライチェーン・マネジメント）のような生産から販売までを一貫した企業行動を求めるようになったのである。このための技術的・制度的手段として情報化の促進がより一層求められるようになった。それは，経済・経営環境の変化に対応して，戦略的能力を発揮し，企業間競争で優位性を保ち，自社の競争力を高めるための経営戦略の中心的存在として，情報技術（Information Technology：IT），とくに情報通信ネットワークの積極的な活用がクローズアップされてきた。すなわち，情報化が経済の回復を，また企業の再生を引っ張っていく牽引者の役割を担う大きな要因の1つとして注目されてきたことを意味している。

　ところで，今日までの情報化の進展を技術的にみてみると，はじめ企業は，中央に情報処理と通信処理のほとんどを行なう大型高性能のコンピュータを置き，各現場に入出力機能と送受信機能しかない端末機と結び付けて企業内のコンピュータ化を進めていった。次いでコンピュータがオフコンからパソコンへ，デスクトップからノートブックへと小型化，高機能化，低価格化し，移動可能性が増大していくと，企業各部門内でスタンドアロン的に利用されていたコンピュータは，LAN（Local Area Network；構内通信網）を媒介として相互に結合されていった。そして，通信回線との接続機能と情報処理機能に加えて，データベース機能を持ち，各現場で処理を行ないながら相互に接続できる分散処理が可能になると，企業間にまでネットワーク化が拡大されていったのである。

　他方，経営・業務との関係でみると，コンピュータは個々の業務のサポート技術として，作表の自動化から業務システムの効率化・多様化へとその範囲を拡大し，さらに経営戦略の武器として，1990年代には企業組織のネットワーク化へと，戦略から政策へとより高い段階に適用範囲を拡大していった。その結果，市場情報に基づいて生産計画を短いサイクルで弾力的に策定し，それに必要な部品や原材料だけを調達できる商品供給体制が確立されていった。21世紀に入り，ますます企業および企業間のみならず産業ないし社会のレベルにおいても情報化が着実に進行しているのである。

　このように，企業が情報技術を積極的に導入しようとするのは，企業が漠然

と企業戦略を展開するのではなく，市場でターゲットを絞り，実効性ある戦略を遂行するために，個人に関する属性情報(性別，年齢など)や購買情報などの多くの情報を集め，確実に対応しようとしているからである[2]。

3．ホワイトカラー業務の変容

情報化の進展や自動化の大幅な進展による多品種少量生産やグローバル化の進展によって経営環境が大きく変化・複雑化していくとともに，ホワイトカラーの比重を増大していった。その結果，仕事の多くが情報ないしコミュニケーションにかかわる労働であるホワイトカラーのコミュニケーション力が生産的労働の主力になっていった。そこで，1980年代から90年代にかけて，生産的労働の主力になってきたホワイトカラーの業務効率を大きく引き上げる手段として情報技術がクローズアップされるようになった。そして，これに対応する組織形態として，トップダウンを基本とする集権型の組織形態から，コミュニケーション力を中心として柔軟性をもった，そしてより末端において素早く意思決定が行なえるネットワーク型の組織形態を企業へ導入する動きがでてきたのである。

これを加速したのが，1990年代前半のバブル崩壊である。肥大化した管理組織のなかで，中間管理職の大量解雇や出向などが行なわれると同時に，情報技術を利用したホワイトカラー層の生産性向上が強く意識されるようになったのである。それは，ホワイトカラーの業務の多くが調査分析，文書処理，複写，ファイリングなどのほか，打ち合わせ，問い合わせ，報告，指示といったコミュニケーション作業であり，ここで扱われる各種の文書や多彩な図表，グラフ，それに音声，映像といったマルチメディアを含む定型的，非定型的情報を情報技術が効果的に処理でき，彼らの業務をサポートできたからである。この結果，ホワイトカラーの業務は，経済・経営環境の変化に対して，時間的にも空間的にも柔軟に対応しうる可能性を増大したのである[3]。

4．大量生産から多品種少量生産へ

　1980年代に大不況に見舞われたアメリカは，模索のなかで経済と情報化をより密接に結びつけることで，1990年代の景気回復を可能にしていった。これに対して，日本は1980年代から90年代にかけての未曾有の好景気が，一転バブルの崩壊により，長期的不況に見舞われることになったのである。
　それでは，この日本経済とアメリカ経済の変化の大きな違いは，どうして発生してきたのであろうか。その要因の1つとして，1990年前後における日本とアメリカの経済・経営環境の大きな変化と情報化に対する決定的な認識の違いを挙げることができる。すなわち，1990年前後は，大量生産・大量販売から多品種少量生産・個別販売へという経済・経営環境の大転換が決定的になった時期であるが，これはアメリカ経済にとっても日本経済にとっても，そして両国の企業活動にとっても大きな転換点(turning point)となった時期である。このような状況の変化に対する認識が日本とアメリカでは異なっていたからであるといえる。
　大量生産・大量販売は，低コスト化・効率化を目標として，商品の標準化・均質化を進めていった。企業の市場政策は，なるべく多数の消費者が望む品質と価格の商品を大量に製造し，強力な販売網を通じて市場に供給し，市場占有率を高め，利益を上げることであった。このため，製造・流通両分野で，有力メーカーによる系列化や閉鎖的なネットワークの構築が推進されていった。しかし，その結果は，経済の成熟化，つまり供給過剰の常態化をもたらすことになった。それはまた，見計らって作った商品を市場に押し出すプロダクトアウトの生産から，市場での求めに対応して迅速に商品を開発して提供するマーケットインの生産への経済構造の大転換を意味していたのである。
　このような状況のなかで，アメリカは，この大転換を1980年代に十分認識し，1990年代に情報技術を中心にして情報革命を起こすことでうまく対応していった。しかし，日本は，1990年代初頭のバブルの崩壊に至って初めて情報技術による情報革命の重要性を切実に認識し，アメリカに遅れてこの大転換に対

応しようとしていったのである。

第2節　アメリカ企業の行動環境

1．アメリカ経済と情報化

　第2次世界大戦後，資本主義世界の輸出の30％以上，工業生産高の60％以上，金保有高の約70％を独占するという圧倒的な経済力を背景に，アメリカ企業は企業内世界分業体制を拡充し，生産を始め経済活動拠点を世界中に拡散させていき，多国籍化していった。

　しかし，国外の生産拠点での生産の増大や，そこからのアメリカ本国への輸出の増加は，徐々にアメリカ本国での生産を脅かし，国内産業を空洞化していった。しかも，世界的な戦後経済の回復に伴なって，ヨーロッパ諸国や日本が追い上げ始めると，アメリカは最先端技術領域の開拓を進め，排他的な地位を維持しようとしたが，その経済的地位を脅かされるほどになった。

　1970年代に入ると，アメリカは，1973年と1979年の第1次，第2次オイル・ショック，さらに国際金融の不安定化のなかで，「双子の赤字」，すなわち莫大な財政赤字と貿易赤字を抱えるようになった。そこで，1985年のプラザ合意によって，財政の健全化と輸出拡大のために，高すぎるドルを一挙に引き下げた。しかし，この政策は，ドルの購買力を膨張させ，輸入を助長し，輸出を停滞させ，アメリカ産業の国際競争力を弱め，貿易赤字を一層過度なものとした。アメリカは，多数の失業者を抱え，国内産業の空洞化にも，「双子の赤字」にも歯止めをかけることができなかった[4]。

　そこで，アメリカは，国際競争力の低下や国内産業の空洞化に対応する方法として，産業および企業への情報技術の積極的な利用を推し進めていった。たとえば，1980年代中頃には，アメリカ国防総省は，大量の物資の調達，すなわち軍のロジスティックス（兵站業務）を電子化するシステムとしてCALS (Computer Aided Logistics Support)[5]を開発し，それを一般産業界に移して産

業界の活性化を図ろうとした。

　また，アメリカのクリントン大統領は，1992年に，2015年までに光ファイバーケーブルを使って全米規模の情報スーパーハイウェイを構築し，アメリカ企業の国際競争力を強化し，雇用の創出に資することを宣言した。さらに，これを拡大してすべての国民がいつでも情報にアクセスし相互通信できることを目指すネットワークを構築するため，1993年にはNII (National Information Infrastructure；全米情報基盤)構想を発表した。また1994年には，アメリカが世界で情報面での優位性を積極的に確保するための情報戦略として，NII構想を地球規模に拡大するGII (Global Information Infrastructure)構想を提案したのである。ここには，情報戦略をアメリカの世界戦略の1つとして積極的に主導していこうとする姿勢がみられたのである(6)。

2．アメリカ企業とネットワーク化

　アメリカでは，ネットワークの利用が早い時期から始まっていた。しかし，情報処理の自由に対して，通信事業は長い間強い規制を受けていた。やがて，企業の多国籍化やオフィスにおける情報処理の増大・地域的拡大，経営組織の複雑化・販売地域の拡大などにより通信の必要性が増大していった結果，1971年と1980年のFCC (Federal Communications Commission；連邦通信委員会)の第1次・第2次裁定で，多様な通信ネットワークの利用が可能になったのである。

　このような情報技術の顕著な発展や規制緩和の進展によって，ネットワーク・システムは，単にコスト低減だけでなく，他社との差別化による業容・商圏の拡大，顧客創造・サービスの向上の実現による競争優位などに用いられるようになった。その結果，ネットワーク接続によって取引先を多く確保した企業が，他社より有利な営業活動をできるようになり，代理店や販売店などの確保(囲い込み)を巡って激しい競争が生じることになった。

　ワイズマン(Wiseman, C.)は，この情報システムを戦略的情報システム(Strategic Information System：SIS)と名づけた。SISの例としては，1970年代

後半に登場したアメリカン航空のSABRE（セーバー）やユナイテッド航空のアポロといったコンピュータ予約システムが有名である。SISは，コンピュータ端末を旅行代理店に設置して代理店の予約業務を省力化することで差別化し，アメリカの航空業界の地図を塗り替えた。このように，情報システムの利用によって差別化による競争優位を実現できることが実証されたことで，1980年代に入り，ネットワーク・システムの戦略的利用に関心が高まっていったのである[7]。

　他方，1970年中頃には，企業間のペーパーレス取引やリアルタイム取引などで大幅なコスト削減を行なうため，不特定多数の企業間で通信回線を介して電子的なデータを交換するシステムとしてEDI (Electronic Data Interchange；電子データ交換)が実用化された。そして，運輸業界から自動車業界，化学業界，電機業界，食品業界，倉庫業界などに広まっていった。また，アメリカのアパレル業界は，1970年代後半から東南アジアを始めとする外国製品の輸入による価格破壊の直撃を受け，顧客をディスカウントストアなどに奪われることとなった。そこで，1980年代に入ると，メーカーと大型小売業が連携して商品の開発，生産，販売のサイクルを短縮し，徹底的なコストダウンを実現して，消費者の流行志向と低価格志向に迅速に対応するための戦略としてQR (Quick Response)を採用し，推進していった。さらに，1992年に食品業界の有力企業が集まって，成長鈍化の環境の下でサプライチェーンのあらゆるところで情報の不一致により発生している過剰在庫の問題を解決する方策としてECR (Efficient Consumer Response；効率的な顧客対応)を考案した。それは，QRの考え方を卸も含めて(加工)食品業界で実現したものである。

　しかし，1980年代後半におけるアメリカ経済の不況に直面して，生産力の大きさよりも市場の動きへの柔軟な対応力が問われるようになると，競争力の源泉となった高度に統制された「囲い込み」構造が逆に重荷になってきたのである。そこで，企業は，徹底したコストダウンと固定費の削減とともに，取引関係を柔軟にして，状況に応じてさまざまな組み合わせで対処できる方法を模索していった。ここに登場してきたのがインターネットである。

　インターネットは，1969年にアメリカ国防総省によって誕生した

ARPANET（Advanced Research Projects Agency NETwork）から拡大していった。アメリカでは，1991年よりインターネットの商用接続が本格化し，同年にスイスでWWW（World Wide Web）技術が公開されると，翌年からインターネットの利用が企業はもとより一般社会でも急激に拡大していった。このように，インターネットが爆発的規模で世界に広がっていったのは，企業や組織がホームページを開設し，さまざまな案内情報や詳細な製品情報などを提供でき，通信販売を行なうことができたからである。なお，インターネット上の決済にはセキュリティの不安があるが，これも標準暗号システムの開発によって解決される可能性が大きくなってきている。暗号システムは，電子マネーを可能にするといわれており，これが発展することで，企業間および企業と消費者間を結合する電子商取引（Electronic Commerce：EC）がより一層拡大していくものと思われる。

　他方，企業においては，電子掲示板で営業状況を報告したり，アドバイスを即座に求めたり，電子メールを使って会議前に根回しをしてスケジュール管理をしたりすることができるようになり，経営組織内部における生産性向上を目的としたコミュニケーションや情報共有に用いることが可能になった。すなわち，インターネットが，24時間利用可能で迅速性があり，資金や人員も少なくてすみ，特段の設備も営業拠点も必要としないということで，自社で構築したネットワークを用いることなく手軽に経営業務に利用できる「場」と考えられるようになったのである[8]。

第3節　日本企業の行動環境

1．日本経済と情報化

　日本経済は，1960年代の高度経済成長期に入ると，大量かつ多種類の商品が市場に現れ，流通，物流が著しく複雑化していったが，それらに伴う事務が追いつかなくなっていた。そこで事務効率化の要求が強まり，ビジネスへのコ

ンピュータの利用が要請されるようになった。しかし，1960年代に入っても，コンピュータはバッチ処理が基本であったため，広域にわたる営業活動の一元管理などは困難であった。そこで，オンライン技術の開発に力が入れられた結果，1965年には国鉄(現JR)の座席予約システム「みどりの窓口」が稼動を始め，また三井銀行(現三井住友銀行)丸の内支店で普通預金のオンライン化が開始された。そしてこれを契機に，コンピュータが急速に事務機構，管理機構に導入されていったのである。

　需要の拡大が供給の拡大を刺激し，大量生産・大量販売という経済状況を生み出してきたことを受けて，1960年代末，財界の「訪米MIS使節団」提言をきっかけに，データ通信のために電話回線の開放を求める動きが急速に高まっていった。

　1970年代に入り，世界経済は，それまでの順調な拡大基調がオイル・ショックを契機として一転して低成長，さらにはスタグフレーション(stagflation；景気停滞下のインフレ)へと移っていった。すなわち，1971年のドル・ショック(ニクソン声明)，1973年のオイル・ショック，そして1974年以降の世界同時不況の発生などによって，過度な過剰生産体制に直面することになった。そこで，日本企業は減量経営を強力に推し進めるとともに，海外へ積極的に展開していくことで国際化していった。その過程で，「日本型経営」が日本経済の競争力の強さの源泉として，注目されるようになったのである。

　1985年に，アメリカがドル高政策を放棄し，円が急騰した結果，日本からの輸出が全面的に困難となり，大幅な貿易黒字国，世界一の債権国であるはずの日本が，財政危機，伝統産業の衰退，全面的輸出困難，失業者の恒常化といった円高不況に遭遇することになった。そこで，日本企業は，内需拡大や経済構造調整のもとでの低生産性部門の切り捨て，海外直接投資，先端技術開発などにより国際競争力を強化していくために，日本型経営の修復，財テク，リストラクチャリング(restructuring；事業の再構築，リストラ)，M＆A(Merger and Acquisition；企業の合併・買収)，海外進出などを積極的に展開していった。やがて，生産分野でも，多品種少量生産が可能となり，電気機械，自動車，鉄鋼業などを中心に，FA(Factory Automation)やFMS(Flexible Manufacturing

System)が確立されていった⁽⁹⁾。

　日本企業は，日本型経営とエレクトロニクスとの結合を強化し，それによって徹底的な合理化を追求し，一層強力な国際競争力を構築していった。すなわち，円高で窮地に立った輸出産業は，コスト削減を図るとともに，生産拠点を海外へ移転していった。やがて国内の投資先を失った貨幣資本は，世界的な金融自由化のもとで金融や土地への投機へと向かい，株価や地価の暴騰をもたらすことになった。その結果，日本経済は，空前のバブル景気にわきかえった。1980年代後半のこのような経済のバブル化は，企業活動を過熱させるとともに，市場に対応する製品の多品種少量生産を強く求めることにもなったのである⁽¹⁰⁾。

　しかし，1990年代初めにバブルが崩壊すると，不良債権の増加や供給過剰のなかで，デフレ傾向が進行し，円高による低価格の輸入品が増加していった。その結果，国内中小企業の経営が困難となり，倒産が増加していった。また，円高対策として多くの企業が，コスト削減のために生産拠点を海外に移転させていったため，国内の産業の空洞化が拡大し，長い景気後退を経験することになったのである。このような経営環境の変化のなかで，企業は，情報技術を利用することで，不採算部門のリストラ，人員削減や経費の圧縮，組織階層のフラット化などを積極的に推し進め，効率化や省力化から一歩進めて，戦略的観点から価格競争力やビジネス・スピードの向上を目指すようになった⁽¹¹⁾。この傾向は21世紀に入ってからも変わらず，2003年から始まった神武景気以上の好景気のなかでも持続されてきている。

2．日本企業とネットワーク化

　企業が市場において競争優位性を維持するためには，情報を戦略的に利用する経営が必要となる。情報技術の進歩によって，ネットワークの機能が高度化し，社会的インフラストラクチュアとして整備されるようになると，これを基盤に企業間や企業と市場を瞬時に結びつける情報システムが構築され，経営活動に大きな影響を与えることになった。

しかし，日本で，企業内オンラインとともに緊密な取引関係にある系列企業間に限ってデータ通信専用回線（特定通信回線）の共同利用や加入電話回線を使ってのデータ伝送が許されるようになったのは，1971年の公衆電気通信法と有線電気通信法の改正（第１次回線開放）以降である。そして，1982年の法改正（第２次回線開放），さらに1984年の公衆電気通信法の廃止，電気通信事業法の施行（第３次回線開放），1985年のNTTの設立によって，ようやく民間で自由にコンピュータ・ネットワークを形成し，通信サービスを行なうことが可能になったのである。この背景には，1975年の国勢調査にみられるように，日本で第３次産業の就業者構成比が50％を超え，アメリカから遅れること20余年で，知的生産性が必要な社会，いわゆる1983年度の「経済白書」でいわれた「サービス経済化」の段階に達した経済社会，という認識があったといえる(12)。

　やがて，FAやFMSによって，労働生産性が飛躍的に高まったばかりでなく，商品の多様化と商品ライフサイクルの短縮化が可能となり，生産管理と市場対応が著しく複雑化していった。その結果，ホワイトカラー労働の比重が増え，彼らの労働生産性の向上が問題になってきたのである。そこで，大型汎用コンピュータに必ずしも適さない身近な非定型的業務やローカルで小規模な定型的な業務を，現場で分散的に処理するシステムとしてOA（Office Automation）機器が登場してきた。OAの登場は，ホワイトカラーの業務効率化を目指すものであったが，同時にコンピュータを中心とした業務処理から個人を中心とした業務処理へ，そしてその組織化の問題に関心が移り始めたことをも意味していたのである。このような状況のなかで，日本でもSISの概念が登場してきた。

　SISは，POS（Point Of Sales；販売時点情報管理）やEOS（Electronic Ordering System；電子発注システム）を利用して，販売網と生産部門をネットワークで結び，末端の販売データを即時に集計して，生産指示に反映させることを狙った部門間，企業間の連携を即時化するためのネットワークであり，差別化による競争優位を実現するという経営戦略のための情報システムであった。ここでは，SISが，生販統合を実現し，競争に打ち勝つために市場や関連企業，小売店や顧客までを囲い込む手段となったのである。その結果，企業内外の組織と

その活動をトータルにシステム化する組織ネットワーク時代が訪れることになった。

　しかし，1990年代初めのバブル崩壊後は，景気の低迷および先行き不安，為替の不安定，価格破壊によるデフレ傾向の長期化，株価低迷，規制緩和，環境問題，失業率の増大による雇用問題の深刻化などの急激な変化によって，企業の行動は大きな影響を受けることになった。たとえば，供給過剰の拡大のなかで，消費者が自分の個性やスタイルに合わせて商品を選ぶようになったため，消費者ニーズや市場の微細な変化をいち早くキャッチして，すばやく商品開発や生産計画に生かしていく必要が生じた。そこで，製品やプロジェクトごとに機動的に連携する企業間関係，とくに外部経営資源を効果的に活用する企業連携を実現するツールとして，CALSが日本で脚光を浴びるようになったのである。この背景には，CALSがアメリカ主導で展開され，これに対応できないとアメリカ市場および国際市場から締め出される恐れがあるという危機感があったからでもある。当時の通産省は，1995年にCALS推進協議会を発足させて標準化の作業を開始した。しかし，この年の後半からインターネットが社会的に急進展をみせ，こうした動きに大きなインパクトを与えることになった[13]。

　インターネットによって，オンライン・ショッピング，雑誌・書籍・音楽・映像などのネットワークによる直接オンライン配信，電子ショップの開設，企業の新製品情報の広告や企業情報の開示など，企業と消費者間の取引が可能となった。また，アクセスした履歴や購買歴を利用して，個々の消費者に応じたワン・トゥ・ワン・マーケティングや双方向マーケティングが可能となった。さらに，インターネットは，電子メールを利用することで，時差や国境を気にせずに世界中の利用者と情報を交換できるのであり，企業の経営階層内部および外部におけるコミュニケーションの短縮を可能にし，また事務処理の手間を大幅に削減したのである。

第4節　ネットワーク化と組織変動

　1980年代のアメリカ経済は，第2節で述べたように，1985年のプラザ合意以後，「双子の赤字」に歯止めをかけることができず，国際競争力の低下や国内産業の空洞化が進んでいった。この状況を打開するため，アメリカ産業の現状を徹底的に分析し，その方向性を見出そうとしたのが，マサチューセッツ工科大学(MIT)のプロジェクトであった。ここで注目されたのが，生産性と品質，タイミングのよいサービス，企業の柔軟性，技術革新のスピード，戦略的な技術の強さ，企業内の個人とグループの相互作用とチームワークの重視，継続学習や参加意識を向上する人事方針の採用，企業と供給業者や企業と顧客との間の協調体制，そしてそれらを実現するための情報技術の積極的な利用であった。そこでは，アメリカ企業の経営方式の徹底的改革と，情報技術の単なる利用ではなく，情報技術を中心とした企業経営の大胆な変革が求められていった[14]。

　1990年代に入ると，ハマー＆チャンピー(Hammer, M. and J. Champy)が提言したビジネス・プロセス・リエンジニアリング(Business Process Reengineering：BPR)が積極的に企業に取り入れられ，アメリカ企業では，業務のコンピュータ化とネットワーク化が遂行され，大胆な改革が進められていった。リエンジニアリングが求めたことは，情報技術を利用した分業の徹底的な見直しとチームとしての活動であった。分業の見直しとは，職能組織の見直しであり，情報技術の利用による職能の再編成・再結合を意味していた。ハマー＆チャンピーは，この例として，IBMクレジット，フォード自動車，コダックなどを挙げているが，共通しているのは，コンピュータを利用した職能部門の統合，スペシャリストからジェネラリストへ，業務の同期化によるチームワークの必要性などであった。そのためには，ビジネス情報を共有する機能，必要に応じてそれを分析表示する機能，電子メールをはじめチーム・メンバーの連携を助ける機能などが情報技術に要求されたのである。90年代半ばに

はホワイトカラーに1人1台のパソコンを装備する投資も本格化していった(15)。これは，1995年にゴールドマン(Goldman, S. L.)らによって出版された『アジル・コンペティション』でも変わっていない。むしろ，機能横断的なチームへの組織化，経営管理階層のフラット化，全社員に対する継続的な教育訓練の必要性などがより積極的に提唱されている(16)。

　他方，日本では，1990年初めのバブル崩壊で肥大化した管理機構がリストラの対象となり，中間管理職の大量解雇，大量出向が始まり，ホワイトカラー受難の時代が訪れた。すでに高度成長期の後半から，ホワイトカラーの生産性の低さが経営において問題とされていたが，ホワイトカラーに対する風当たりは，その後低成長下でますます強まり，1990年代の不況のもとで頂点に達した。そこで，この時期，国際競争力を低下させる，また日本経済の再生を阻害する要因として，むしろ日本型経営の崩壊(放棄)が経営者サイドからいわれ始めたのである。これは，系列企業内部の最適化を目指していた経営やバブル時代の事業分野拡大を狙った囲い込み戦略が，むしろ高コスト構造としてその足かせとなったからである。

　そこで，企業のネットワーク化とそれに対応したホワイトカラーの人件費抑制のために，日本型経営の柱といえる終身雇用は，一部の基幹社員を除いて，専門職のホワイトカラーについては雇用柔軟型，すなわち有期契約に変えられていった。また，ホワイトカラーには裁量労働の名のもとにフレックス・タイム制が広がり，日本型経営のもう1つの柱である年功賃金は，業績に応じて上下する年俸制に置き換えられていった。

　これは，長期継続雇用，年功賃金制などの日本的雇用慣行や，従来型の人事評価制度，人材育成制度などの見直しを迫るものであった。すなわち，競争力強化を重点的な経営戦略とする企業の雇用・人事戦略の一環として，成果主義化，報酬の短期決済化，労働力流動化などの諸施策を企業に導入することで，企業経営を柔軟な構造に作り変えようとしたものである。ここで重要なことは，ホワイトカラーの管理が集団管理から1人ひとりの能力(独創性，創造性など)の発揮を期待するという個別管理へ転換していったことである。これは，情報技術で武装された個々のホワイトカラーをネットワークによって管理可能

となってきたことを意味しているのである[17]。

《注》
（1） みずほ総合研究所〔2002〕p. 2。
（2） 大西〔1988〕p. 45。
（3） 野口〔1998〕pp. 384-387。
（4） 大西〔1988〕pp. 18-27。
（5） CALSは1990年代に入り，適用範囲が軍需産業中心から民間企業へと拡大すると，CALSの名前もComputer-aided Acquisition and Logistics Support, Computer Acquisition and Life-cycle Supportと変わり，現在ではCommerce At Light Speed（高速度の商取引）であると主張されている。
（6） 吉田ほか編著〔1997〕pp. 88-93。
（7） Wiseman（訳書）〔1989〕pp. 7-15。
（8） 吉田ほか編著〔1997〕pp. 91-97。
（9） 大西〔1988〕pp. 32-33およびpp. 71-72。
（10） 野口〔1998〕p. 379。
（11） 吉田ほか編著〔1997〕pp. 46-47。
（12） ベイン＆カンパニーほか〔1995〕p. 193。
（13） 野口〔1998〕p. 392。
（14） Dertouzos et al.（訳書）〔1992〕，第2章以下参照。
（15） Hammer and Champy（訳書）〔1993〕，第2章以下参照。
（16） Goldman et al.（訳書）〔1996〕pp. 68-73。
（17） 牧野〔1999〕pp. 21-24。

《参考文献》
鮎澤成男・鈴木幸毅編著〔2000〕『経営戦略論』八千代出版。
ベイン＆カンパニーほか〔1995〕『ホワイトカラーの生産性と情報システム』富士通ブックス。
Dertouzos, M. L., et al.〔1989〕*Made in America*, The MIT Press.（訳書，依田直也訳〔1992〕『MADE IN AMERICA』草思社。）
Goldman, S. L., R. N. Nagel and K. Preiss〔1995〕, *Agile Competitors and Virtual Organizations: Strategies for Enriching the Customer*, Van Nostrand Reinhold.（訳書，野中郁次郎監訳〔1996〕『アジル・コンペティション』日本経済新聞社。）
Hammer, H. and J. Champy〔1993〕, *Reengineering The Corporation*, Harper Busi-

ness.（訳書，野中郁次郎監訳〔1993〕『リエンジニアリング革命』日本経済新聞社。）

岸川典昭・中村雅章編著〔1998〕『経営情報論』中央経済社。

牧野富夫〔1999〕『「日本的経営」の崩壊とホワイトカラー』新日本出版社。

みずほ総合研究所〔2002〕『エンロン・ワールドコム・ショック――事件の真相と経営改革の動向――』東洋経済新報社。

日本情報処理開発協会編〔2002〕『情報化白書2002』コンピュータ・エージ社。

日経BP出版センター〔1995〕『情報・通信新語辞典』日経BP出版センター。

野口宏〔1998〕『情報社会の理論的探求――情報・技術・労働をめぐる論争テーマ――』関西大学出版部。

大西勝明〔1988〕『高度情報化社会の企業論』森山書店。

Wiseman, C.〔1988〕*Strategic Information Systems*, Richard D. Irwin.（訳書，土屋守章・辻新六訳〔1989〕『戦略的情報システム』ダイヤモンド社。）

吉田良生ほか編著〔1997〕『情報社会の光と影』成文堂。

（岸川　典昭）

第 ② 章
ネットワーク技術の発展

―本章のまとめ―

① コンピュータとネットワーク技術の発展は，コンピュータを相互に接続して利便性を高めることを目的としてきた。コンピュータの性能向上と低価格化，ソフトウェアの操作性の向上，技術のオープン化と標準化により異機種混在の接続が可能になり，コンピュータ・ネットワークが急速に普及した。

② 日常的に使用しているインターネットは，ハードウェアとソフトウェアの両面にわたるネットワーク技術の結集であり，経営活動にも応用されている。インターネットを安定的に運用するために，各種の組織が管理・運営を分担している。

③ ネットワークの発展とともに，情報セキュリティの重要性が高まっている。

第1節　コンピュータの利用形態

1．バッチ処理

　1950年代に入り，大型汎用コンピュータ（メインフレームとも呼ばれる）が一般的に使用されるようになった。大型汎用コンピュータは，高価で巨大であったため，一般の事務所ではなく管理と運用を専門とする計算機センターに導入された。利用者は，プログラムやデータを記録したカードやテープを計算機セン

ターに持ち込み，専門のオペレーターにプログラムの実行を依頼していた。コンピュータの利用形態は単体で使用するスタンドアロン(stand-alone)であり，処理形態はデータを一定時間蓄積しておいて，まとめて一括処理するバッチ処理(batch processing)であった。現在でも，バッチ処理は，企業の売り上げ計算（1ヵ月，半年など一定期間の販売データが集まった時点でまとめて処理する），入学試験の答案の採点・集計，国勢調査の集計など，大量データの効率的な処理に有効な方法として使われている。

2．ホスト端末システム

1960年代に入り，大型汎用コンピュータを共同利用するホスト端末システムが登場した。大型汎用コンピュータをホスト・コンピュータとして，複数の端末を接続し，複数の利用者が1台のコンピュータを共同利用した。当時の端末はコンピュータに対する処理依頼と結果出力のための装置で，データ処理機能を持たないダム端末であった。しかし，コンピュータへの実行命令や対話的な入力が端末から操作できるようになり，複数のプログラムの実行を，時分割で切り替えて処理するTSS(Time Sharing System)の進展により，あたかもコンピュータを専有しているようなオンライン・リアルタイム処理が実現した。現在では，オンライン・リアルタイム処理は鉄道や航空機の座席予約，銀行のATM，工場での機械制御などで利用されている。

3．コンピュータ間通信

1970年代には，特定のメーカー(シングル・ベンダー)のホスト・コンピュータを相互に接続するコンピュータ間通信が普及した。

従来は，他のコンピュータとのデータ交換には，磁気テープやフロッピーディスクなどの記憶媒体を使用し，人手で運搬していたが，コンピュータ間通信では通信回線によりデータをやり取りするため，瞬時にデータ交換ができるようになった。各地の支店や営業所で発生するデータはそこに設置されたコンピ

ュータで集計し，その結果を通信回線で本社のコンピュータに転送して，全社の集計結果をまとめるという処理の分担が可能になった。バッチ処理やホスト端末システムは，1台のコンピュータですべての処理を実行する集中処理方式であったが，コンピュータ間通信によって複数のコンピュータでデータ処理を分担する分散処理方式が可能になった。

第2節　コンピュータ・ネットワーク

　コンピュータの小型化と低価格化が進み，企業のオフィスなどで大型から小型までのさまざまな種類のコンピュータが導入され，プログラムやデータが蓄積されるにつれて，これらのコンピュータ資源を相互利用したいという要求が生まれてきた。このような要求を満たす新しい分散処理の形態としてコンピュータ・ネットワークが進展した。コンピュータ・ネットワークでは，企業内LANの普及や技術仕様のオープン化・標準化により，異機種のコンピュータや周辺装置(プリンターなど)が相互に接続された点でコンピュータ間通信とは異なる。

1．LAN (構内通信網)

　LAN (Local Area Network；構内通信網)とは，同一建物内や敷地内などを範囲として，企業や個人などが保有管理する私設ネットワークにさまざまな種類のコンピュータや周辺装置を接続し，相互に高速なデータ通信を行なう仕組みであり，ファイルの共有やプリンターの共同利用などが可能になる。
　代表的なLANの仕様は，1973年にアメリカ・ゼロックス社のパロアルト研究所において発明されたイーサネット(Ethernet)である。発明当初の伝送速度は3Mbps (メガビット/秒)程度であったが，技術の進歩に伴ない，現在では100Mbps，1Gbps (ギガビット/秒)の規格が普及している。

2. クライアント／サーバー・システム

　1980年代後半から90年代にかけて，パーソナル・コンピュータ(パソコン)とLANの低価格化により，クライアント／サーバー・システム(Client/Server System)が普及した。
　クライアント／サーバー・システムとは，利用者が直接操作する，クライアントと呼ばれるコンピュータからの要求に従って，利用者が共同利用するプログラムやデータが保管されている，サーバーと呼ばれるコンピュータが処理を実行する方式である。クライアント／サーバー・システムの導入により，コンピュータ処理を必要としている現場の利用者(エンドユーザー)が自分でコンピュータを利用するエンドユーザー・コンピューティング(End-User Computing：EUC)が一般化した。

3. ダウンサイジングとマルチ・ベンダー

　1990年代の前半，コンピュータの性能向上に伴ない，大型汎用コンピュータ用のソフトウェアが，パソコンにも提供されるようになり，パソコンの基本ソフト(Operating System：OS)のウィンドウ・システムとGUI(Graphical User Interface)により操作性も向上した。高性能で高機能になった小型コンピュータやパソコンだけで，ネットワークを構成するダウンサイジング(downsizing)が進んだ。
　多くの企業でコンピュータのネットワーク化が進み，導入した他社製品を相互接続する互換性が求められ，さらに利用形態の多様化と技術の複雑化により1社の製品だけでシステムを構成できなくなる。すなわち複数のベンダー[1]が供給する製品が混在するマルチ・ベンダー接続が一般的になったのである。このためマルチ・ベンダー接続では，特定のベンダーに運用を任せられないため，システム全般に対する責任は利用者に移行する。これに伴なって，システム一式を販売して，システム全般をまとめ上げる業務を請負うシステム・イン

テグレータ(Systems Integrator：SI)事業者が増加していった。

4．技術を共有するためのオープン化と標準化

　異機種混在のマルチ・ベンダー化を進めたのは，技術仕様を公開するオープン化と，互換性のある規格を定める標準化である。オープン化により技術仕様が公開され，他社技術の活用と技術改良の提案が可能になった。ネットワーク技術の標準化により，異なるハードウェアやソフトウェアであっても，ネットワーク通信を可能にする規格を共有できるようになった。標準化には大別すると次の2種類がある。
　①　デジュール・スタンダード(de jure standard；公的標準)
　公的な標準化組織における標準化作業を経て標準となった仕様である。標準化を行なう組織は，国際機関のISO(国際標準化機構)やITU-T(国際電気通信連合-電気通信標準化部門)，JIS規格を制定するJISC(日本工業標準調査会)，英数字・記号のコード体系を制定したANSI(アメリカ規格協会)，LAN規格のイーサネットの標準化を行なったIEEE(アメリカ電気電子技術者協会)，民間の任意団体のインターネット・ガバナンスなど多数存在する。
　②　デファクト・スタンダード(de facto standard；事実上の標準)
　市場の有力商品の仕様を，各社が追随して採用することにより，実質的に標準仕様となることである。代表的な例として，パソコンの基本ソフトであるマイクロソフト社のWindowsが挙げられる。

第3節　インターネットの技術と応用

1．インターネット発展の歴史

　1990年代にコンピュータ・ネットワークを相互接続した「ネットワークのネットワーク」であるインターネットが世界規模で普及した。

インターネットの原型は，69年にアメリカの4ヵ所の研究施設を接続した研究用ネットワークであるARPANET（Advanced Research Projects Agency NETwork）にさかのぼることができる。ARPANETは，アメリカ国防総省の予算で90年まで運用され，開発技術の公開により世界規模のインターネットに発展した。開発の目的は，核爆弾の投下でネットワークの一部が破壊されても，自動的に迂回経路を選択して通信可能なコンピュータ・ネットワークの構築であったとされている。

83年にARPANETのプロトコル[2]が，現在のインターネットと同様のTCP/IPに変更された。当時，多くの大学で使用されていたUNIXオペレーティング・システムに，TCP/IPが組み込まれて短期間で普及した。

アメリカでは，91年に商用インターネット相互接続協会（Commercial Internet eXchange association：CIX）が設立され，商用接続が本格化した。日本では，93年に入り，商用インターネット・サービスを提供するプロバイダ（Internet Service Provider：ISP）が数社現れ，サービスを提供するようになった。当時は，主に遠隔ログインやファイル転送，電子メールの交換に使用されていた。ホームページとして親しまれているマルチメディア型のWWW（World Wide Web，略してWeb）技術は91年に公開され，93年にアメリカのイリノイ大学で開発されたWebページを閲覧するブラウザ・ソフトウェアのモザイク（Mosaic）の登場により世界的に普及した。

2．インターネットの仕組み

（1） インターネットの構成

インターネットを構成する基本的なハードウェアは，ホスト，伝送媒体，ルーター（router）である。ホストは，コンピュータ（大型コンピュータ，サーバー，パソコンなど）のほかに携帯電話，PHS，PDA（携帯情報端末）などがある。伝送媒体は，ケーブル接続の有線伝送路と，無線伝送の電波伝送路がある。有線伝送路は，金属媒体ケーブルで電気信号を伝送する同軸ケーブルやツイストペア・ケーブルと，光信号を伝送する光ファイバー・ケーブルがある。

ルーターは，ネットワークとネットワークを接続する装置で，送信ホストから宛先ホストまで，適切な方向へデータを中継するルーティング（routing；経路制御）処理を実行する。インターネットの通信方式は，データをパケット（一定の大きさ）に分割して，複数のルーターがバケツリレー式に伝送するパケット交換である。ただし，インターネットは，パケットの遅延や消失に対する保証機構は備えていない。インターネットの通信が異機種混在で成立するのは，インターネットの標準プロトコルであるTCP/IPに準拠しているからである。TCP/IP（Transmission Control Protocol/Internet Protocol）は，パケットを送り届けるルールを定めたIPと，パケットを正しく受信するルールを定めたTCPのほか，インターネットで使用されるプロトコルの集合体の総称である。

　図表2-1は，一般家庭と，企業や大学などのLANからインターネットに接続する場合のシステム構成例を示したものである。最近は，映像や音声などの大容量のデータをスムーズにやり取りするために，通信回線のブロードバンド（広帯域）化が進んでいる。有線伝送路では，広く家庭まで行き渡っている既存の電話回線を使って高速・定額制の通信を行なうADSL（非対称デジタル加入者線）の普及が進んでいたが，光回線を利用する世帯数が上回り，光回線への移行が進展している。また，インターネットを使って低額で電話をかけるIP電話も普及しつつある。

（2）IPアドレスとドメイン名

　インターネットの通信には，インターネットの住所であるIPアドレスを使用する。IPアドレスが重複する機器が存在すると正常に通信できないため，ICANN（Internet Corporation for Assigned Names and Numbers）という組織が固有のアドレスを割り当てている。日本に割り当てられたIPアドレスブロックは，日本ネットワークインフォメーション・センター（JPNIC）が管理している。日本のプロバイダや学術ネットなどの運営組織は，必要なアドレスの数をJPNICに申請して割り当てを受ける。

　IPアドレスは数字の組み合わせでできており[3]，扱いにくいために，ドメイン名をつけるようになった。IPアドレスに対応するドメイン名は，サーバー

図表2-1　一般家庭とLANからのインターネット接続の構成例

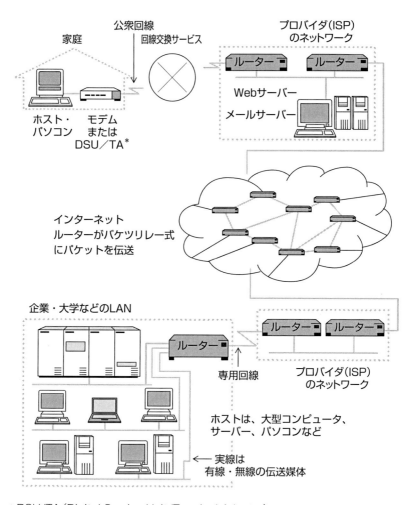

＊DSU/TA (Digital Service Unit/Terminal Adapter)

出所：筆者作成。

名，電子メールアドレス，Webページアドレスなどに使用する。たとえば，同文舘出版のドメイン名は「dobunkan.co.jp」である。ドメイン名の一番右側の文字列は，トップレベル・ドメイン(TLD)と呼ばれ，「jp」は日本を表す。2番目の文字列はセカンドレベル・ドメイン(SLD)と呼ばれ，jpドメインでは「co」は国内で登記した企業を意味する。3番目の文字列は，組織名を表している。なお，TLDには，国別ドメイン名のほかに，国や地域の区別なく取得できるドメイン名，アメリカの組織だけが取得できるドメイン名，国際機関のドメイン名などがある。図表2-2に，TLD，SLDの例を示す。

　ドメイン名の取得に関しては，特定の会社や商品を連想させるドメイン名を，高額での転売や誹謗中傷を目的として第三者が取得することが問題となっている。これに対処するために，「統一ドメイン名紛争処理方針」が制定され，日本ではJPNICが運用している。

（3）電子メールアドレス

　電子メールを送受信するためのアドレスである。たとえば，同文舘出版へ意見や感想を送る電子メールアドレスは，「info@dobunkan.co.jp」である。アットマーク(@)の左側の文字列をアカウント名といい，郵便では宛名に相当するものである。

（4）Webページアドレス

　Webページ(ホームページ)のアドレスをURL(Uniform Resource Locator)という。たとえば，同文舘出版のホームページを表示するには，ブラウザのアドレス欄に，「http://www.dobunkan.co.jp/」と入力すると表示される。

（5）インターネットの管理と運営

　インターネットを安定的に運用するための体制を整備する活動をインターネット・ガバナンスという。特定の国家に属することなく，インターネットの技術が正しい方向に発展し，利用されることを目標に組織化されている。1992年に発足した非営利の国際的な学会組織であるISOC(Internet SOCiety)を頂点

図表2-2 トップレベル・ドメイン(TLD)とセカンドレベル・ドメイン(SLD)の例

TLD		SLD (日本のccTLD「.jp」で使われるもの)	
ccTLD (country code TLD：国別)		属性型(組織種別型) jp ドメイン名	
jp	日本	co	国内登記の企業
au	オーストラリア	ac	大学など学術機関
cn	中国	ed	小中高等学校
kr	大韓民国	go	日本の政府機関
tw	台湾	ne	ネットワーク・サービス
uk	イギリス	or	財団法人など，co, ac, ed, go に該当しない法人組織
gTLD (generic TLD：分野別)		地域型 jp ドメイン名	
com	商業組織(世界中で取得可)	都道府県名または政令指定都市名	地方公共団体ドメイン名 【例】city.nagoya.jp (名古屋市) 一般地域型ドメイン名 地域名を含む組織，個人
net	ネットワーク(世界中で取得可)		
org	非営利組織(世界中で取得可)		
edu	アメリカ教育機関		
gov	アメリカ政府機関		
mil	アメリカ軍事機関	汎用 jp ドメイン名	
int	国際機関	組織名 個人名	国内に住所を持つ個人，組織 【例】jprs.jp (「JPRS」のドメイン名)

* 日本のccTLD「.jp」は，日本レジストリ・サービス(JPRS)が登録管理を行なっている。
　属性型jpドメイン名は1組織1つのみ登録可能，地域型jpドメイン名は1組織，1個人で1つのみ登録可能である。
　汎用jpドメイン名は，日本国内に住所を持つ個人，団体，組織であれば登録可能，取得数の制限もないため，複数のドメイン名を必要とする場合に登録されることが多い。
出所：筆者作成。

に，複数の下位組織が標準化，教育，方針に関する問題の議論と解決を分担している。たとえば，インターネット技術検討委員会(IETF)は，その成果を標準規約(Request For Comments：RFC)として発行している。Web全般の技術の検討と策定は，94年発足のW3C(World Wide Web Consortium)で行なわれている。前述したIPアドレスやドメイン名の割り当てなどを行なうICANNもISOCの下位組織の1つである。

なお，インターネットに接続する回線の管理と運営は，インターネットに専用回線で接続している企業，大学，プロバイダなどが，各々の接続回線周辺の管理と運営の責任を担う。

3．経営活動とインターネット

（1） イントラネット

　イントラネット(Intranet)は，企業や教育機関などのLANにインターネットの技術を応用して，インターネットと同様の機能と操作環境を提供する。LAN上のWebサーバーに共有情報を蓄積してブラウザで閲覧することに加えて，Webサーバーとデータベース・サーバーを連携させて，ブラウザを用いたデータ操作や業務処理の実行もできることが重要である。企業では，イントラネットに人事異動情報や業務情報などを登録すると，情報の共有，訂正，編集にかかる事務コストを大幅に削減することができる。また，イントラネットを用いて営業報告や技術情報を共有すれば，組織のナレッジ・マネジメント(knowledge management)を行なうことも可能である。

（2） エクストラネット

　企業内部のイントラネットを，特定の外部企業にまで拡張したものがエクストラネット（Extranet）である。特定の外部企業は，一般にユーザーID(IDentification)とパスワードでイントラネットにアクセスする。図表2-3に示すように，エクストラネットは特定企業間でイントラネットを相互接続したものといえる。その相互接続には，不特定多数で利用されるインターネットを仮想的に私設通信路にするVPN技術を用いる。VPN(Virtual Private Network)は，パケットに情報を付加してカプセル化するトンネリング(tunneling)技術と，盗聴と改ざんを防止する認証技術，暗号技術により，インターネットをあたかも専用線のように利用する仕組みである。イントラネット間を接続する場合は，VPN機能を備えたルーターやファイアウォール(fire wall)で処理を行なう（第4節2.参照）。企業では，たとえば資材調達において，複数の取引先とエ

図表2-3　VPN技術によるエクストラネット

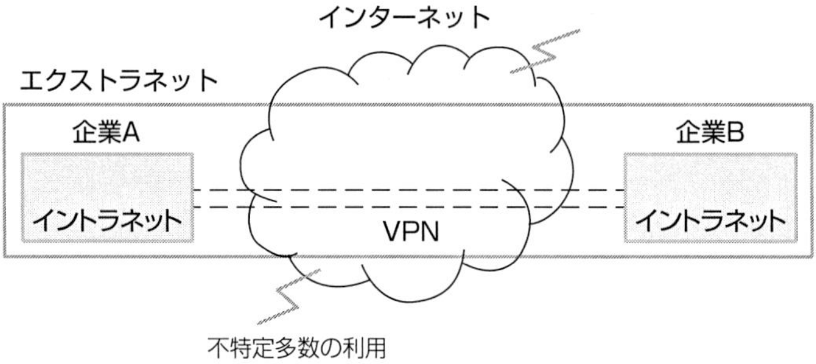

[図：インターネット（VPN）を介して企業Aのイントラネットと企業Bのイントラネットがエクストラネットとして接続され、不特定多数の利用がある様子を示す図]

出所：筆者作成。

クストラネットで結ぶことで，受発注が合理化する効果が期待される。

（3）　グループウェア

　グループウェア(groupware)は，組織や作業グループを単位に，情報伝達，情報交換，情報の蓄積と検索，情報流通を行なうためのネットワーク環境を利用したソフトウェア・システムである。1986年頃から，コンピュータによる支援とグループの共同作業(Computer Support & Cooperative Work：CSCW)を基本概念に研究が進められた。現在のグループウェアは，イントラネットと連携したものが主流である。グループウェアは，情報伝達を電子メールと電子掲示板，情報交換を電子会議室や実際の会議室予約，会議案内配付などを含むスケジュール管理で実現する。情報の蓄積と検索は文書データベース，情報流通はワークフロー機能により承認を伴なう伝票や文書の配信と回覧など，複数の担当者が関わる作業を支援する。

（4）　GPSと融合したインターネットサービス

　カーナビゲーション装置で一般化したGPS(Global Positioning System)は，人工衛星からの電波を用いた全地球測位システムである。GPS衛星は高度約20,000kmに約30基配置され(2008年現在)，その電波を受信できる場所であれば

どこでも位置を測定できる。GPSとインターネットの技術を融合して，携帯電話で目的地への経路情報を提供するサービスや，タクシーを携帯電話で呼び出すと，利用者の現在位置から車両の位置情報を検索して最寄りのタクシーの電話番号を提供するサービスが実用化している。

第4節　情報セキュリティの重要性

1．情報セキュリティの目的

　情報セキュリティは，情報や情報システムの安全性を確保することである。コンピュータ・ネットワークやインターネットの発展とともに，コンピュータの利用者は拡大し，誰でもどこからでも利用できる環境が整い，操作ミスや意図的犯行による障害の危険性が増大した。社会生活や企業活動がコンピュータ・ネットワークに対する依存度を高めるなかで，障害による社会的影響は，従来とは比較にならないほど大きくなっている。

　情報システムの安全性を脅かす要素には，自然災害，事故・故障，操作ミスなどの偶発的なものと，意図的な犯罪とがある。これらの脅威に対して，情報セキュリティは，機密性，完全性，可用性を確保し，維持することが目的である。機密性(confidentiality)とは，情報システムを正規利用者だけが利用できるようにすることである。第三者が利用できるならば，機密性は保たれていない。完全性(integrity)とは，情報が正確かつ完全に維持されていることである。データやプログラムが不当な方法で変更されるならば，完全性は保証されていない。可用性(availability)とは，いつでも必要なときに情報が利用できるようにしておくことである。コンピュータ・ネットワークが稼働停止するようでは，可用性は高いとはいえない。

2．情報セキュリティ技術

（1） アクセス制御

アクセス制御は，転送を許可するパケットのIPアドレスなどを設定しておき，通過するパケットを監視して，許可パケットのみを通過させ，それ以外のパケットを廃棄する。組織内ネットワークとインターネットの間に設置する装置やソフトウェアによりアクセス制御を行なうのが，ファイアウォール（fire wall）である。

現在のファイアウォールは，プロキシサーバー（代理サーバー）などによるアプリケーション・ゲートウェイが主流である。組織内ネットワークとインターネットの通信を，プロキシサーバーが代理で中継するため，直接通信しないことで外部からの攻撃を防止し，安全性を確保する。また，閲覧を禁止するWebページのURLを設定し，閲覧要求と照合して許可か拒否かを制御することも一般的になった。

ファイアウォールで許可したサービスに，不正アクセスが紛れ込んでいる場合の防御用ソフトウェアが，侵入検出システム（Intrusion Detection System：IDS）である。ネットワークを流れるパケットの常時監視により，不正侵入を検出すると，管理者に通知して対応処置を実行し，監視・検出の記録を蓄積する。ファイアウォールとIDSの両方を設置すれば，相互の機能を補完してより高い安全性を確保できる。

（2） ウィルス対策技術

コンピュータ・ウィルスは，自己伝染・潜伏・発病という自然界のウィルスと似た動作をするプログラムである。他人のデータやプログラムを破壊したり，他人のユーザーIDやパスワードを盗んだりする。また，ワーム（worm）はウィルスのように感染せずに自己増殖するプログラムである。ワームが増殖すると，コンピュータや回線が過負荷になり，障害を起こす。感染の予防には，サーバーやクライアントのソフトウェアに存在するセキュリティ上の欠陥を修

正しておく必要がある。伝染防止につながる感染検出のために，アクセス制御やウィルス検出ソフト（アンチウィルス・ソフト）を導入する。

（3）認証技術

　認証(authentication)とは，正当性を検証する処理である。認証には，インターネット・サービスの正規利用者であることを確認する利用者認証と，サーバーとクライアントの間で行なわれるクライアント／サーバー認証がある。利用者認証には，ユーザーIDやパスワードなどの本人固有の情報，ICカードや運転免許証などの本人の所有物，本人の生体情報を用いる。生体情報はバイオメトリックス認証(生体認証)により，指紋，眼球の虹彩や網膜，掌形などの身体的特徴，声紋や筆跡などの行動的特徴を用いる。クライアント／サーバー認証には，ネットスケープ社が開発したSSL (Secure Socket Layer)などが使用され，認証のために証明書を交換して検証する。

（4）暗号技術

　暗号技術は，情報の暗号化により内容を隠して，復号化により元に戻す仕組みである。インターネットのオンライン・ショッピングなどでは，入力した個人情報やクレジット番号などが保護されなければ安心して利用できない。転送途中で個人情報が盗聴されても，解読できない状態にするために，暗号技術が使われている。

　代表的な暗号方式には，共通鍵方式と公開鍵方式がある。「鍵」は，暗号化や復号化のプログラムである。共通鍵暗号は，暗号化と復号化に共通の秘密鍵を使用する。鍵を秘密にするために，送信者と受信者の秘密鍵の配送が問題になるが，暗号化・復号化が比較的高速という長所がある。公開鍵暗号は，暗号化と復号化に，公開鍵と秘密鍵という異なる鍵を使用する。公開鍵と対の秘密鍵でしか復号化できないため，公開鍵は秘密にする必要はないが，暗号処理の速度が遅いという短所がある。

　インターネットでは，共通鍵暗号と公開鍵暗号を組み合わせて利用することが多い。たとえば，Webページのセキュリティ技術として一般化している

SSLは，共通鍵方式と公開鍵方式を組み合わせた複雑な暗号方式である。SSLで保護されたWebページのURLは「https」で始まり，ブラウザに鍵がかかる絵が表示される。SSLはTLS（Transport Layer Security）と名称を変えて標準化された。

コラム

クラウド・コンピューティング(cloud computing)[4]

「ネットワークがコンピュータになる」と1993年に発言したエリック・シュミット（Eric Schmidt）氏は，現在，GoogleのCEO（最高経営責任者）である。2006年8月にアメリカのカリフォルニア州サンノゼ市で開催された「検索エンジン戦略会議」（Search Engine Strategies Conference）において，ネットワークがコンピュータになった現状を「クラウド・コンピューティング」と呼称した。

クラウド・コンピューティングとは，インターネットを通じてコンピュータの処理能力や記憶領域が提供される利用形態である。インターネットをクラウド（cloud）で図示することが命名の由来である。利用者はクラウドの詳細を知る必要もなく，処理能力や記憶領域不足の心配もなく，独自システムを構築するよりも低価格でサービスが利用できる。インターネットに接続できるコンピュータを用意するだけで，インターネット上のワープロや表計算といったビジネス・アプリケーション・ソフトウェアが利用でき，メール・サービスやファイルを保存するストレージ・サービス，顧客管理のような企業の業務システムも利用可能になる。

現状のクラウド・コンピューティングは，インターネットを介してアプリケーション・ソフトウェアを利用できるSaaS（Software as a Service）により，ソフトウェアの購入とインストールは不要になる。必要な機能のみを選択した契約，操作画面やデータ項目の追加・変更などの独自設定も可能である。自社システムの開発と実行，運用のためのハードウェア環境とソフトウェアを，インターネット経由で従量課金により利用できる仕組みがPaaS（Platform as a Service）である。

郵便局会社は2007年10月発足の日本郵政グループの1社である。貯金と保険，郵便という3事業の代理店業務を担う。発足と同時に運用を開始した顧客情報管理システムは，セールスフォース・ドットコム社が提供するPaaS「Force.com」

を利用して2ヵ月で構築し，アメリカにあるデータセンターのSaaS「Salesforce」で稼動している。3万人余りの社員がインターネット経由で利用する情報共有システム『「お客様の声」管理システム』は，顧客の苦情・要望の登録と管理，グループ3事業会社への報告，登録内容の集計・分析を行なう。『顧客管理システム』は，「個人情報利用同意書」の登録，検索，閲覧，登録状況の集計と分析を行なう。

　クラウド・コンピューティングの採用は，ハードウェアやソフトウェアを所有せずに，必要に応じてインターネット経由で利用できる手軽さとスピード感を評価したからである。同社は会計や人事の業務については，日本郵政グループの他の事業会社のシステムを利用している。しかし，窓口業務を支える情報系システムは，民営化と同時に郵便局会社が独自に用意する必要があった。業務をシステム化すると利用者は数万人規模となり，システムを自前で調達するためには開発期間が不足し，自社のシステム部門50名でシステム運用や利用者サポートを担うには限界があった。業務やシステムの変化に迅速に対応できる体制を確保するためにも，クラウド・コンピューティングを選択した。

　1年間の試行運用を通して，スピード，品質，コスト上の問題なく利用できることが実証できた。スピード面では，利用現場や各事業会社からの要望が容易な操作で即座に反映できることが評価された。専用の開発ツールやサーバーという開発環境を用意する必要もなく，Webブラウザさえあれば設定項目や画面レイアウトを直接変更できる「持たざる開発」がカスタマイズのスピードを向上させた。品質面では情報系業務システムとしての応答速度は十分であること，コスト面では初期投資を抑えられたことが評価された。一方，問題点は可用性であった。情報系業務では，ごくたまに30分程度システム停止になっても，ほぼ支障なく利用できたが，決済を伴なう基幹系システムでは容認できない。基幹系システムのデータを社外のデータセンターに保存することもセキュリティに不安が残る。インターネットの向こう側のSaaSやPaaSが適用できる業務を把握できたことは，自社開発システムとクラウド・コンピューティングの共存や連携を進めることに役立っている。

　今後，自社所有のハードウェア環境とソフトウェア資産を，使用量に応じて料金を支払う従量課金のクラウド・コンピューティングへ移行する企業が増えていくのかが注目されている。

《設問》
① 企業経営における情報セキュリティの重要性について調べなさい。

【参考】独立行政法人 情報処理推進機構（IPA:Information-technology Promotion Agency, Japan）のWebサイトの情報セキュリティに関するページ。
〈http://www.ipa.go.jp/security/index.html〉(2009. 2. 7)
② 情報セキュリティの侵害の実態について調べなさい。

《注》
（1） ベンダー（vendor）とは，製品メーカー，他社製品を自社ブランドで販売する企業，輸入製品の販売代理店などの製品供給者の総称である。メーカーでなくとも技術面の対応を保証して製品を供給するため，総称してベンダーと呼ぶようになった。
（2） 通信ネットワーク全般の情報交換に共通する技術仕様のルール。通信規約。プロトコルに従うハードウェアとソフトウェアであれば，製品機種が異なっても通信により情報交換できる。
（3） IPアドレスの例（32ビットのIPv4）を以下に示す。
　　10101100.00010100.00000001.0000001（2進数32ビットを8ビットで4区分）
　　172.20.1.1（ドット・アドレス：4区分を各10進数表記）
　　なお，インターネットに接続するホスト数の急増により，今後は128ビットのIPv6が使用されるようになる。
（4） 下記を参考にした。
・中田敦〔2008〕「世代交代の波が来た　構想から25年でついに実現『ネットワークがコンピュータ』に」『ITPro Magazine』Vol.2，EXPO版，2008年秋号，日経BP社，pp. 22-27。
・玉置亮太〔2008〕「『郵便局10万人』を支えるクラウド"持たざる開発"のスピードを実感」『ITPro Magazine』Vol.2，EXPO版，2008年秋号，日経BP社，pp. 30-31。
・岸本善一〔2008〕「ITの新たな形――クラウド・コンピューティング入門（上）」『IT PLUS』NIKKEI NET。
〈http://it.nikkei.co.jp/business/news/index.aspx?n=MMITac000008072008〉(2009. 2. 7)
・ニコラス.G.カー〔2008〕『クラウド化する世界――ビジネスモデル構築の大転換』翔泳社。

《参考文献》
宮地充子・菊池浩明〔2003〕『情報セキュリティ』オーム社。

日経コミュニケーション編,中木正司・磯部直也・小原英治・津田志郎ほか〔2003〕『通信ネットワーク早わかり講座』日経BP社.
尾家祐二・後藤滋樹・小西和憲・西尾章治郎〔2001〕『岩波講座インターネット第1巻 インターネット入門』岩波書店.
瀬戸洋一編著〔2003〕『ユビキタス時代の情報セキュリティ技術』日本工業出版.
竹下隆史・村山公保・荒井透・苅田幸雄〔2008〕『マスタリングTCP/IP 入門編(第4版)』オーム社.
戸根 勤〔2002〕『マスタリングTCP/IP ネットワーク用語事典』オーム社.

(星野　雪子)

第 3 章

経営情報システムの発展

―― 本章のまとめ ――

① 経営情報システムの発展の過程を概観すると，意思決定支援指向の枠組みと，業務プロセス支援指向の枠組みの2種がみられる。経営情報システムは，意思決定支援指向から業務プロセス支援指向へと発展してきたといえる。

② コンピュータが企業に導入された当初は，その高い計算能力を利用して業務プロセス支援指向のアプローチが行なわれた。後に，マネジメント・プロセスのシステム化が指向されるようになり，コンピュータと親和性の高い意思決定支援指向のアプローチが行なわれるようになった。しかし，最終的にはコンピュータの能力不足により，意思決定支援指向アプローチは収束に向かった。

③ 1980年代になると，SISやOAが登場し，より直接的な業務プロセス支援指向の情報システム化が試みられた。SISやOA自体がことさらに強調されることはなくなったといえるが，情報システムの高度化により，業務プロセス支援と意思決定支援は融合しつつあるようにみえる。

第1節　企業へのコンピュータ導入の始まり

　現代でいうコンピュータが開発されたのは第2次世界大戦中であり，ルーツには諸説ある。コンピュータの発展の流れでみるならば，1945年にアメリカで開発されたENIAC (Electronic Numerical Integrator And Calculator)を元祖とす

るのが妥当である。なぜなら，このENIACの開発に携わった主要スタッフであるエッカート(Eckert, J. P.)とモークリー(Mauchly, J. W.)が，戦中には軍用として開発されたコンピュータを，戦後に民生用として発売すべく開発を行なったからである。このようにして，1951年に初めての民生用コンピュータとして発売されたのがUNIVAC Ⅰである。

　当時，UNIVAC Ⅰは，規模の大きな複数の組織から発注を受けたが，さまざまな事情により結局納入されたのはアメリカ国勢調査局であった。しかし，これらの組織は大量のデータをもとに高速に計算するという使命を持っており，まさしくUNIVAC Ⅰは，このようなニーズに応えうるマシンとして待望されたのである。

　このような用途の機器としては，これまでにも電気機械式計算機やパンチカード・システムなどが利用されていた。しかし，コンピュータのデータ処理能力はこれらよりはるかに勝っていたため，多くの会社が「コンピュータ業界」に参入した。この業界はのちに淘汰が進み，「IBMと7人の小人」と呼ばれるようなIBMの独占市場となった[1]。この理由は，IBMの製品がシステムとしてまとまりがよく，より顧客のニーズにうまく対応できたからである。各社ともコンピュータを計算機として捉え，CPU(中央処理装置)の演算能力を非常に重要視する一方で，カード・リーダーやプリンターといった周辺機器は軽視しがちであった。しかし，もともと電気機械式計算機やパンチカード・システムのメーカーであったIBMは，CPUの処理能力だけでなく周辺機器の性能も重視し，そのため顧客は自らのニーズをよりよく満たすIBMの製品を選んでいったのである。

　このように，1950年代から60年代半ばまでの企業の情報システムは，大量のデータを高速に処理する必要のある「適用業務」群に対する，単一の巨大なコンピュータ(大型汎用コンピュータ)を中核とした情報システムの適用という利用形態を採っていた。これをデータ処理(Data Processing：DP)という。当時のコンピュータは非常に高価であり，ある程度の規模の企業でなければ導入することはできなかった。またその価格の高さから，処理の集中化と稼働率を高めることが目標とされた[2]。つまり，単一のコンピュータにできるだけ多くの

適用業務を押し込み，コンピュータが遊んでいる時間をできるだけなくすことが目標とされた。処理形態には大まかに分けてバッチ処理とオンライン・リアルタイム処理とがあったが，単一のコンピュータによる一極集中型の処理形態であることに変わりはなかった。結局DPは，業務の集中的な合理化を目指すものだったのである。

第2節　意思決定支援指向の情報システム

1．経営情報システム(MIS)

(1)　アンソニーのパラダイム

　企業においてコンピュータの利用は拡大していったが，経営者の立場からすると企業経営，すなわちマネジメントそのものにコンピュータが貢献していないという不満が存在していた。この問題の解決は，経営学者にとって1つの大きな課題であった。
　ところで，マネジメントにコンピュータを適用するためには，マネジメントをシステムとして捉え，このマネジメント・システムに対してコンピュータを適用する必要がある。1960年代には，経営学においてもマネジメントをシステムとして把握する動きは浸透しつつあった。たとえばダニエル(Daniel, D. R.)のように，マネジメントをプロセスに分解し，これらをシステムとして捉える試みも行なわれていた[3]。このようなマネジメントへのシステム的アプローチを本格的に行なったのがアンソニー(Anthony, R. N.)である[4]。
　アンソニーは，マネジメントをシステムとして捉えるにあたって，プロセスとシステムを峻別し，最適なプロセスを構築することによって，システムはよりよく機能すると述べている。
　そこで，アンソニーは，マネジメントにどのようなプロセスが存在するか検討し，「計画」と「コントロール」の2種類のプロセスを挙げた。計画とは，「何をなすべきかを決定すること」であり，コントロールは，「希望する結果の

得られることを確実にすること」である。さらに計画を2つに分けた。1つはトップ・マネジメントの計画であり，もう1つは日常的なコントロール・プロセスに密接に関連する計画である。結局，アンソニーは，プロセスを①純然たる計画，②計画とコントロールの中間的なもの，③純然たるコントロールの3種に分類し，それぞれに「戦略的計画」「マネジメント・コントロール」「オペレーショナル・コントロール」と名づけたのである。正確な定義は以下の通りである。

戦略的計画とは，「組織の目的，これらの目的の変更，これらの目的達成のために用いられる諸資源，およびこれらの資源の取得・使用・処分に際して準拠すべき方針を決定するプロセス」，マネジメント・コントロールとは，「マネジャーが，組織の目的達成のために資源を効果的かつ能率的に取得し，使用することを確保するプロセス」，オペレーショナル・コントロールとは，「特定の課業が効果的かつ能率的に遂行されることを確保するプロセス」である。

さらに，アンソニーは，これらのプロセスを支援するプロセスとして「情報処理」と「財務会計」を挙げる。情報処理とは，「情報の利用目的がなんであ

図表3-1　各プロセスの相互の関連

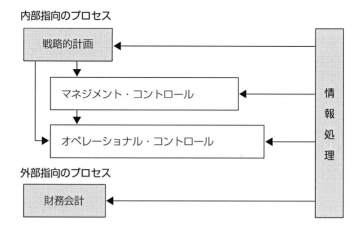

出所：Anthony（訳書）〔1968〕p. 27，資料2。

るにせよ，情報を収集し，処理し，伝達するプロセス」であり，財務会計とは，「組織に関する財務情報を外部に報告するプロセス」である。

そして，これら5つのプロセスの相互関連を図表3-1のように示した。

以上のように，アンソニーは，マネジメント・プロセスの特質と相互関連について詳細に検討しているが，システムの方にはほとんど言及していなかった。

（2） MIS概念の確立

アンソニーに引き続いて，多数の論者がアンソニーの枠組みに類似したマネジメント・システムの枠組みを提示していった。この枠組みに沿って情報システムを構築すれば，企業経営の効率化が図れるのではないかという考え方が発生し，そこでいわゆる経営情報システム（Management Information System：MIS）ブームが沸き起こった。そして，アンソニーの枠組みに沿って情報システムを構築し，マネジメント・プロセスを支援するための情報システムを実現する方法論を提示したのがザニ（Zani, W.）である[5]。経営者，管理者にとって有益な情報をもたらすような情報システムは，トップダウンによって入念に設計すべきであるとザニは主張した。すなわち，トップ・マネジメントはシステム設計に大幅に関与し，組織の戦略，構造，意思決定プロセスを明確化してシステム設計者に提示し，それぞれの要素が情報システムの基本設計に正しく反映されるよう努めることを強調したのである。

アンソニーはマネジメントをシステムとして捉えるにあたっての「パーツ」とその相互関連を述べ，ザニは，それらパーツにどのように情報システムを適用していくかという情報システムの構築論を述べたのである。アンソニーとザニによって，企業の情報システムとは，戦略的計画とマネジメント・コントロールとオペレーショナル・コントロールのそれぞれにコンピュータを適用すべきだというMISの概念が確立したのである。

なぜ，このような管理者を対象とした意思決定支援指向の情報システムの枠組みが出来上がってしまったのだろうか。ダー（Darr, J. W.）は，1960年代当時のアメリカにおけるマネジメント領域の議論を概観し，以下の6つの学派に分

類している[6]。それらは，①資本学派，②人間行動学派，③社会システム学派，④意思決定理論学派，⑤数理学派，⑥経営プロセス学派である。このうち，意思決定理論学派は，バーナード(Barnard, C. I.)に端を発し，サイモン(Simon, H. A.)によって洗練されていったものである。サイモンは，意思決定過程を情報活動，設計活動，選択活動，再検討活動の4つのフェーズの循環として捉え，ここにコンピュータを適用して支援しうることを指摘している。また，オペレーションズ・リサーチ(Operations Research：OR)が，サイモンの議論と同時進行的に発展しつつあり，「意思決定論＋コンピュータ＋OR」という3点セットが，企業のコンピュータの利用機会として待望されたと考えることができる。

加えて，1960年代のアメリカでは，経営計画が議論の的となっていた。経営計画は意思決定の問題である。実際，先述のとおりアンソニーはマネジメントにおける計画と統制を問題にしていたのだから，意思決定論と経営計画は容易に結びつく。MISの枠組みは，このような背景に基づいて成立したと考えることができる。

(3) MISブームと批判

当時期待されたMISのイメージは，図表3-2のように示される。日常業務活動の第一線ではオンライン端末からリアルタイムに生の情報が入力され，処理結果は随時フィードバックされる。その過程で社外情報とともにデータプールに蓄積された最新のデータは，必要に応じて計画管理用に資料化され，それぞれの経営管理層に直接かつタイムリーに提供される，といったものである。このようなMISのイメージに従って数多くの企業で実際にMISを導入する気運が高まり，MISはブームを迎えた。多くの経営者は戦略的計画レベルのシステム化を望んだが，実際には各経営管理層にさえ適切な情報をタイムリーに提供することができなかった。その結果，挫折する企業が多発し，MISブームは終息へと向かった。MISの失敗の原因を検討してみると，以下のような要因が考えられる。

① コンピュータの能力不足

図表3-2　MISに期待されたイメージ

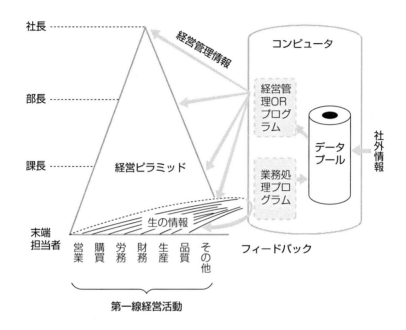

出所：南澤〔1978〕p. 158, 図4。

　当時はコンピュータの処理能力が絶対的に不足していた。また情報伝達能力も低く，処理した情報を適切に提示する能力は，今日のようなGUI（Graphical User Interface）環境と比べると"ない"に等しかった。コンピュータは，専門家ではない一般ユーザーが操作するにはあまりにも難解なものであったし，インタラクティブ処理など考えもよらない時代であった。

② コンピュータへの「信仰」と理解の不足

　それにもかかわらず，コンピュータを使えば何でもできるという信仰が広く行き渡っていた。その一方で，何ができて何ができないか，専門家以外はまったく知らないといっても過言ではなかった。結局はできないことの方が多く，幻滅と挫折が待ち受けていたのだった。

さらに，エイコフ(Ackoff, R. L.)はMISを設計する場合の仮説を詳細に検討し，批判したのである。そのうち主要なものは，以下の通りである。
① 経営者，管理者は適切な情報の不足に悩んでいる。
② 経営者，管理者は，自分の求める情報を必要としている。
③ 経営者，管理者が求める情報を与えれば，意思決定の能率が向上する。
これらに対して，エイコフは次のように批判した。
① 経営者，管理者はむしろ不適切な情報の過剰に苦しんでいる。MIS設計上の課題は，情報の生成，貯蔵，検索能力の向上ではなく，情報の濾過や凝縮に置かれる必要がある。
② 経営者，管理者は，自分の意思決定の枠組みを理解しているわけではない。このため，彼らにどのような情報が必要かを質問しても無駄なことがある。
③ 経営問題は複雑であるため，完全な情報があったとしても，経験や判断力，洞察力が必要となる場合が極めて多い。

2．意思決定支援システム(DSS)

　MISブームが失望のうちに終息し，しばらくはMISと口にするのもはばかられる時代が続いた。しかし，1970年代後半になると，経営者の意思決定支援に的を絞った情報システムが提唱された。これが意思決定支援システム(Decision Support System：DSS)である。
　DSSの概念を最初に提示したのはスコット-モートン(Scott Morton, M. S.)である。彼は，アンソニーの枠組みとサイモンの「プログラムド」「ノンプログラムド」という意思決定の分類法に基づいて，意思決定問題を「構造的」「半構造的」「非構造的」の3種に分類した。なお，プログラムドな意思決定とは，「問題の構造が明確であり，それに対する解決方法もあらかじめわかっているような，日常的，繰り返し的な意思決定」であり，ノンプログラムドな意思決定とは，「これまでに類型をみないような，まったく新しい問題に対する意思決定」である。「構造的」は「プログラムド」，「非構造的」は「ノンプロ

グラムド」に対応し，その中間に「半構造的」を分類したことが特徴となっている。スコット-モートンは，ゴーリー(Gorry, G. A.)とともに，図表3-3に示すような，アンソニーとサイモンの考え方を組み合わせた情報システムの枠組みを示している。そして，経営者の意思決定の質を向上させるには，半構造的，非構造的意思決定問題の解決を情報システムによって支援しなければならないとする。このような支援を行なう情報システムをDSSと呼ぶのである[7]。

その後，DSSの支援する対象として半構造的意思決定問題がクローズアップされることになったが，DSSの構築方法論も発展し，一定の成果をみた。ただし，現在に至るまでDSSは構築され続けているものの，当時のメインフレームを中心としてトップ・マネジメントを支援するDSSは1980年代前半までのものであり，1980年代後半になると人工知能ブームが起こって，DSSへのエキスパート・システムの適用が話題となった。そして，1990年代になると，パソコンやEUC (End-User Computing)などの普及により情報システム自体の枠組みが大きく変わっていき，DSSもその影響を受け，個々人が自分でシステムを構築し，活用するようになっていった。

図表3-3　情報システムの枠組み

	オペレーショナル・コントロール	マネジメント・コントロール	戦略的計画
構造的	売掛金処理 オーダー・エントリー 在庫管理	予算分析(技術的コスト) 短期予測	傭船計画 倉庫・工場立地
半構造的 非構造的	生産日程計画 資金管理 PERT/COSTシステム	差異分析(総合予算) 予算編成 販売・生産計画	合併と買収 新製品計画 研究開発計画

出所：Gorry and Scott Morton〔1971〕p. 62, Figure 1.

第3節　業務プロセス支援指向の情報システム

1．戦略的情報システム(SIS)

　1980年前後のアメリカで，情報技術の応用によって顧客を獲得したり，市場において競争上の優位を築いたりするなどの華々しい事例がみられるようになった。たとえば，発注端末を客先に設置することによって自社に優先的な発注がなされるように誘導し，これによって市場シェアと売り上げを増加させ，顧客からの値引き要求を抑え込むことに成功した医療用品販売業者のアメリカン・ホスピタル・サプライ，SABRE（セーバー）と呼ばれる座席予約システムにより旅行代理店と顧客を囲い込み，航空業界を再編させたアメリカン航空などのような例が数多くみられるようになったのである。

　このような事例をもとに，ワイズマン(Wiseman, C.)は1985年に著書のなかで初めて戦略的情報システム(Strategic Information System：SIS)という言葉を使用した。つまり，企業の経営戦略を実現する（具体的には，主として競争優位を確立する）ために使用される情報システムをSISと呼んだのである。

　アメリカの動向はバブル経済期にさしかかった日本にも伝わり，「SISブーム」が沸き上がったのである。SISを構築すれば売り上げは倍増し，シェア増大も間違いなしといった神話が生まれ，情報機器メーカーやベンダーも盛んにSISを謳い文句とした。しかし，これは情報システムのベンダーがシステムを売り込むための宣伝文句という側面があり，新しいシステムに期待された売り上げ増やシェア拡大などが，それほど効果を上げないことが圧倒的に多かった。そして，バブルが崩壊するとSISブームはすっかり沈静化し，代わりにリストラの嵐が吹き荒れた。当然，その矛先は，思いどおりの効果を上げられなかった情報システムに真っ先に向けられたのであった。

　ここで改めてSISに関するワイズマンの主張を概観する[8]。彼は，従来の情報システム概念を「アンソニーのパラダイム」に捉われたものとし，これが情

報システムの利用機会を狭めていると批判した。そして，ポーター（Porter, M. E.）の競争戦略論を拡張し，戦略ターゲット（企業自体，供給業者，チャネル，顧客，ライバル企業）と，各種の戦略スラスト（企業を競争面でより優位に導く行動の類型）に対して情報システムを適用すべきであると主張した。

結局のところワイズマンの主張は，計画と統制のために情報システムを利用するのでなく，もっと企業の業績に直結するような利用形態にすべきであるとする点につきる。そして，従来の情報システムの適用対象が企業自体にとどまっていたのに対し，それだけでなく企業が直接的に接する相手である戦略ターゲットに適用すべきだとする。しかしこの戦略ターゲットとは，結局のところ，時々刻々と企業の業務プロセスが動いている現場にほかならない。この点で，ワイズマンのいうSISは，業務プロセス支援だといえるのである。

SISブームは一過性のものであったが，経営情報システムを意思決定支援指向一辺倒から業務プロセス支援指向へ転向させる，1つの契機であったと評価できるだろう。

2．オフィス・オートメーション(OA)

オフィス・オートメーション（Office Automation：OA）という言葉からは，一般的にはワープロ機能で美しい文書を作成したり，定型文を登録しておいて必要に応じ修正して出力したり，複数部コピーを取って配布したりファクスで送ったりすることを思い浮かべるだろう。あるいは，表計算やデータベースなどのソフトウェアを利用することが想起されるかもしれない。その目的は，「情報機器の利用によってオフィスワークを省力化・合理化し，オフィスの生産性を向上させること」にある。ここで，OAの歴史を簡単にたどってみよう。

第2次世界大戦後，工業の分野でオートメーションという概念が生まれ，全世界に普及した。この工業のオートメーション化の影響で，機械化による企業経営の合理化を図ろうというアイデアが誕生した。すなわち，機械化によるオフィスワークの合理化，生産性の向上である。

アメリカでは，1970年代半ばにワードプロセッサ（ワープロ）が登場し，これ

がきっかけとなってOAという言葉が登場した。当時のアメリカのワープロというのは大型汎用機ないしはオフコンを利用したもので，かなり高価なものであった。アメリカの場合，OAは秘書業務の効率化を目指したものであり，当時のワープロは文書のファイリング・システムまで包含したものだったのである。

　一方，日本でOAという言葉が一般的となったのは1980年以降のことである。きっかけはワープロで，現在の形の日本語ワープロ専用機が1978年に登場し，価格の低下に伴ってOAブームが沸き起こった。当時，ワープロ，コピー[9]，ファックスが「OA三種の神器」と呼ばれ，企業は争うようにこれらを導入した。当時のパソコンはまだ機能が低く，パソコンがOA機器の仲間入りをするのは，漢字表示と印字が実用に耐えるレベルに向上し，パソコン用ワープロソフトが一般化する1985年頃以降のことである。

　在来のメインフレームは，全社的な情報処理を集中的に処理する一方で，個々人の情報処理ニーズは放置していた。情報システム部門は全社的な情報処理に忙殺され，個人の情報処理ニーズにまで手が回らなかったのである。加えて，個人の情報処理ニーズを満たすのにメインフレームはあまりにも巨大で小回りが効かなすぎた。こうした状況から，個人の情報処理ニーズを満たしてくれるOAはある種熱狂的に歓迎された。しかし，1980年代終わり以降は，前節で述べたようなSISブームとなり，OA自体がことさら強調されることはなくなってしまった。

　さて，このようなOAは一体何を目指したのであろうか。オフィス労働は単純労働，反復労働，高度技術労働の3つに分類され，それぞれについて当該オフィスでの実体を分析し，どのような技術をどの程度まで適用するかを図ることがOA化の課題であるとされる[10]。そして，具体的には文書処理システム，データ管理システム，電子ファイリング・システムなどが発売された。

　しかし，現実問題として現在では，理念としてのOAはほとんど意識されなくなってきている。何よりパソコンの性能の向上が著しく，企業のオフィス労働者は，まずパソコンの操作ができることが前提になっており，パソコンを使って日常業務をこなすことが当たり前になってしまったためである。しかし，オフィスワークの生産性の向上のための機械化という理念のもとに情報機器が

開発され導入が進んだこと，さらにいえば，情報技術を個々人が利用していくという方向性が，今日の企業における情報システムのあり方を形成する素地となったことは間違いない。

第4節　1990年代以降の動向

　1980年代後半のバブル経済期は，まだメインフレームが企業の情報システムの中核を担っていた時代である。そのようななかでも，個々人の情報武装は指向され，個々人が使用するためのパソコンや携帯端末が導入された。メインフレームをベースとした中核的な情報システムは「基幹系」と呼ばれ，それに対し，個々人をサポートするために適用された情報技術群を「情報系」と呼ぶようになった。これらを統合する試みも行なわれ，MML（Micro-Mainframe Linkage；パソコンとメインフレームの連携）が話題となったが，統合は必ずしも成功せず，基幹系と情報系とがそれぞれ肥大化していった。

　バブル崩壊後，リストラの矛先は情報システムに向かった。この頃パソコンを利用したクライアント／サーバー・システムが普及し始め，ダウンサイジング（downsizing；情報システムの規模の縮小）の合言葉のもとに，メインフレームがクライアント／サーバーに置き換えられるようになった[11]。

　さて，企業の情報システムの基盤としてクライアント／サーバーが使われるようになると，まず第1に基幹系と情報系のハードウェアのアーキテクチャ（設計思想）とソフトウェアのプラットフォーム（ソフトウェア開発の基礎となる技術やハードウェア，ソフトウェアの総称）が統一されていった。また情報通信ネットワーク技術も発達し，企業内と企業外（企業間，および企業対消費者）のコミュニケーションのインフラストラクチャが統合されるようになった。

　第2にメインフレームによる集中処理ではなく，分散処理が当然となり基幹系，情報系の区分を変質させた。最近では，基幹系は統合基幹業務システムであるERP（Enterprise Resource Planning）システムで運用される傾向にある。これは，全社横断的に情報処理を支援するシステムを指している。一方で，クラ

イアント／サーバー・システムは分散処理が前提であり，個々人がパソコンを使うことにより業務を遂行することが求められる。すなわち，パソコンなどの支援によって業務を遂行するのである。

コラム

セブン-イレブンの単品管理と仮説検証プロセス(12)

コンビニエンスストア・チェーンのセブン-イレブンは1978年以来，取り扱い商品の売れ行きをアイテムごとに1つひとつ漏れなく追跡し管理する単品管理を支援するために，店舗情報システムの導入と更新を続けている。2006年に稼動を始めた現在のシステムでは，店頭のGOT（Graphic Order Terminal；携帯型発注端末）から画面タッチ操作1つで商品情報・気象情報・地域情報を横断的に表示することができる。それまでは店舗のバックヤードに設置されているストア・コンピュータの操作に熟達した店長・店員でなければ発注業務をこなすことはできなかったが，GOTの操作性の改善により，経験1ヵ月程度のアルバイト店員でも発注業務を行なうことができるようになった。

セブン-イレブンでは単品管理をより効果的にするため「仮説と検証」プロセスを導入している。発注業務において発注担当者は，売れ残りによる廃棄ロスや売り切れによる機会損失が最小になるような最適な発注の「仮説」を立てる。仮説を立てるために必要な情報は，店舗情報システムから提供される（たとえば，商品特性や売上実績，天候，曜日，地域のイベントなど）。この仮説に基づいて発注し，実際の売れ行きとの差異を「検証」することにより，新たな仮説を立て次回の発注に生かす。すべての店舗の発注担当者は，このプロセスに従って発注することが求められている。

発注業務は，店舗を運営していく上での業務プロセスの1つにすぎない。しかし，セブン-イレブンでの「仮説と検証」プロセスは意思決定そのものである。コンビニが取り扱う商品の多くはライフサイクルが短く，売れ行きは天候と地域の特性に左右されるため，この意思決定は多分にノンプログラムドであり，半構造的ともいえる。すなわち，セブン-イレブンの店舗支援システムは，直接的には発注業務プロセスを支援するものであるが，発注業務が高度な意思決定を含むものであるため，実は同時に意思決定を支援するものであるといえる。

情報技術が集中処理から分散処理へ向かった結果，情報システムは業務プロセスを中心に構成されるようになってきている。業務プロセスは，企業という大きな協働体系を構成する，細かな協働体系のまとまりといえる。経営組織を成り立たせているのは，そのような業務プロセスの集積なのである。業務プロセスが進行するなかで，そのプロセスに携わる人々は種々の意思決定を求められる。その意思決定も情報システムに支援された上でなされるのであり，意思決定は業務プロセスが進行するに従って随時行なわれる。かつては意思決定支援指向であった情報システムが，業務プロセス支援指向へと変化したのである。もちろん情報システムが意思決定支援を行なわないというわけではなく，業務プロセスを支援すること自体が，同時に高度な意思決定を支援することになるのである。

《設問》
① 意思決定支援指向の情報システム概念であるMISとDSSの根本的な違いについて考えなさい。
② SISでは情報システムを単一の企業だけでなく，他の企業や顧客に対して適用すべきことが主張されたが，その理由について述べなさい。
③ 1980年代にOAブームが起こった理由について述べなさい。

《注》
（1） このような当時のコンピュータはメインフレームと呼ばれる。日本においては，大手電機メーカーによりIBMの互換機（コピー製品）が製造・販売された。独自の製品を製造していたのはNECだけであった。
（2） 当時は「グロッシュの法則」が通用していた時代であった。これは「CPUの性能は価格の2乗に正比例する」というものである。価格が同じCPUを2基用いる場合に比べ，価格が2倍のCPU 1基を用いれば処理能力は4倍になる計算である。これが処理の集中化と規模の拡大が指向された根拠となった。
（3） Daniel〔1961〕pp. 111-113.
（4） Anthony（訳書）〔1968〕pp. 7-27。
（5） Zani〔1970〕pp. 95-97.
（6） Darr〔1970〕p. 42.
（7） Gorry and Scott Morton〔1971〕pp. 60-62.

(8) Wiseman（訳書）〔1989〕pp. 55-69, pp. 134-150。
(9) それまでは「青焼き」と呼ばれる湿式ジアゾ複写機が主流で，運用コストは安いが拡大・縮小は効かず，特殊な用紙が必要で，複写面が青色となるものであった。現在，一般的な PPC (Plain Paper Copier)，つまり普通の紙に黒く複写され，拡大・縮小が自在なものは，このブーム以降のものである。
(10) 涌田〔1984〕pp. 17-18。
(11) もっとも，この置き換えの速度は決して速くなく，今もってメインフレームは使われている。これは，スケーラビリティ(scalability)の問題である。情報システムは，規模が大きくなればなるほど構築が難しくなる。大規模なシステムを組める可能性のことをスケーラビリティと呼ぶ。メインフレームは，大規模なシステム向けとして発展したので，もともとスケーラビリティが高い。クライアント／サーバー・システムのスケーラビリティは以前は高くなく，メインフレームと同等以上のスケーラビリティを備えるようになったのは，つい最近のことである。
(12) 岩本〔2005〕pp. 206-228, 川辺〔2003〕,「セブンイレブンの研究」〔2006〕を参考にした。

《参考文献》

Ackoff, R. L.〔1967〕"Management Misinformation Systems," *Management Science,* Vol.14 No. 4, Dec., pp. B147-B156.

Anthony, R. N.〔1965〕*Plannning and Control Systems,* Harvard University.（訳書，高橋吉之助訳〔1968〕『経営管理システムの基礎』ダイヤモンド社。）

Campbell-Kelly, M. and Aspray, W.〔1996〕*Computer: A history of the Information Machine,* Basic Books.（訳書，山本菊男訳〔1999〕『コンピューター200年史』海文堂。）

Daniel, D. R.〔1961〕"Management Information Crisis," *Harvard Business Review,* Sept-Oct., pp. 111-121.

Darr, J. R.〔1964〕"The Management-as-a-Process Concept," *Industrial Management Review,* Vol. 6 No. 1, pp. 41-49.

岩本浩治〔2005〕『商売で大事な事は全部セブン-イレブンで学んだ』商業界。

川辺伸雄〔2003〕『新版 セブン-イレブンの経営史』有斐閣。

南澤宣郎〔1978〕『日本コンピューター発達史』日本経済新聞社。

「セブンイレブンの研究」『日経コンピュータ』2006年5月29日号，pp. 48-49。

涌田宏昭監修〔1984〕『ＯＡ教科書』有斐閣。

Wiseman, C.〔1988〕*Strategic Information Systems,* Richard D. Irwin.(訳書,土屋守章・辻新六訳〔1989〕『戦略的情報システム』ダイヤモンド社。)

Zani, W.〔1970〕"Blueprint for MIS," *Harvard Business Review,* Nov-Dec., pp. 95-100.

(堀川　新吾)

第 4 章

経営戦略とネットワーク

―― 本章のまとめ ――
① 企業は環境変化に適応し，長期的な成長と発展を図るために戦略を必要としている。経営戦略は企業の組織構造レベルに応じた階層性と，戦略の実行に関わる2面性を持っている。
② 経営戦略の具体的な展開としては，複数の事業の最適な組み合わせを追求する多角化戦略，個々の事業で競争優位を確立する競争戦略，外部資源を積極的に活用する外部資源活用戦略がある。
③ ネットビジネスの経営戦略を考える上では，継続的なビジネスモデルの革新が重要であり，固有の競争上の要因にも配慮しなければならない。

第1節　経営戦略の概要

1．経営戦略の定義と構成要素

「戦略」とはそもそも軍事上の概念であり，戦争目的を達成するための一連の軍事行動，すなわち「どこで，どうやって戦うか」を意味している。企業経営に戦略概念を初めて明示的に導入したのはチャンドラー（Chandler, Jr., A. D.）である。彼は1960年代のアメリカ大企業の発展史を研究し，それらの企業が環境変化に対応するために，日々の管理活動とは異なる，長期的な展望に基づく意思決定活動を行なっていることを明らかにしたのである。チャンドラーは経

営戦略を,「企業の基本的な長期目的と目標を決定し,これらの諸目的を達成するために必要な方向性を決定すること,そしてそのために必要な資源を配分すること」[1]と定義している。その後,経営戦略は多くの人々によって議論され,さまざまな定義付けが行なわれてきた。アンゾフ(Ansoff, H. I.)は経営戦略を「不確実性の下で行なわれる意思決定のルール」[2]と捉え,ポーター(Porter, M. E.)は「他社と差別化すること」[3]と考えた。また,大滝・金井・山田・岩田は,「将来の構想とそれに基づく企業と環境の相互作用の基本的なパターンであり,企業内の人々の意思決定の指針となるもの」[4]と述べている。このように,経営戦略に対する一般的に認知された定義はないが,企業は長期的な成長と発展を図るために環境に適応する必要があり,そのために戦略という機能が企業にとって不可欠であるという認識は一致したものとなっている。

経営戦略を構成する要素としては,ドメイン,資源展開,競争戦略,企業間関係の4つが挙げられる。第1のドメイン(domain)とは,企業独自の事業領域のことであり,「どこで戦うか」という生存領域または活動の範囲を示すものである。企業はすべての領域で競争することはできないために,自社の経営資源を投下する領域を明確に定める必要がある。ドメインは広すぎても狭すぎてもいけないが,物よりも技術・市場・機能で定義する方が効果的である。たとえば,ドメインを鉄道事業とするよりも輸送事業と定義した方が将来の環境変化と事業展開にとって適応的といえる。第2の資源配分は,企業が事業を展開する上で必要となる経営資源(ヒト,モノ,カネ,情報)の獲得,蓄積,活用に関係している。第3の競争戦略とは,ドメインの決定と資源配分を通じて競争相手に対して競争優位を確立することである。第4の企業間関係は,他企業との間の交換関係を確立することである。すべて自社の経営資源を活用して競争優位を確立するという選択もあるが,環境変化を受け,企業は他企業と協力して新たな競争優位を獲得しようとしている。

2. 経営戦略の階層性

経営戦略は企業の組織構造レベルである本社,事業部,職能組織に応じて,

企業戦略，事業戦略，機能別戦略の３つの階層レベルに分けられる。企業全体の方向性や資源配分を考える本社レベルの戦略が企業（全社）戦略（corporate strategy）である。企業戦略の方向性としては，成長，現状維持，縮小の３つが考えられるが，圧倒的に成長戦略が採用される。成長戦略の基本的手段は多角化であり，企業はドメインの範囲内で最適な事業の組み合わせを追求する。企業戦略の中心的な課題は，新規事業への進出，既存事業の再編成・撤退，複数事業間での資源配分の変更などであるが，事業全体としてシナジー（相乗）効果が発揮されるように，新規事業開発や多角化を進める必要がある。

　企業戦略で決定された個々の事業について事業部単位の戦略が事業戦略（business strategy）である。特定の事業分野では，同様の顧客をターゲットとして類似の製品やサービスを通じて顧客に価値を提供する企業が多い。このため，具体的に自社は誰を対象にどんな価値をどのように提供していくのか，すなわち個々の事業レベルのドメインを定義し，真の競争相手を明らかにする。その上で，ライバル企業に対する差別化の方策とそのために必要な自社独自の資源や能力について検討する。事業戦略の中心的な課題は競合企業に対する競争優位性の確立にあるため，競争戦略（competitive strategy）とも呼ばれている。

　企業戦略と事業戦略を区別して捉えるのは，事業の多角化の程度を問題にしているということである。事業分野が単一である場合や，それに近い事業集中度を持つ企業では，企業戦略と事業戦略はほとんど同じとなり，両者をあまり区別していない。これは企業規模とは必ずしも関係がない。トヨタ自動車やコカコーラのように大企業であっても売上高の大半を１つの基幹事業が占める場合がある。逆に，広範囲に多角化した企業では，本社の統制が一般的になりがちであり，とくに関連性の薄い事業を多数抱える場合は統制が人事・財務的な側面に偏る傾向があるため，企業戦略の下位概念として明確な事業戦略が必要となる。

　経営戦略の最下層に位置するのが機能別戦略（functional strategy）である。機能別戦略では，研究開発，生産，マーケティング，人事，財務など事業部門ごとの機能レベルの戦略が策定される。機能別戦略が企業の存続・成長に最も重要な場合は企業戦略に近くなる。たとえば，卸や小売業では通常マーケティン

グ戦略が企業全体として重要であり，研究開発や生産に業務を特化したメーカーでは，それぞれ研究開発戦略や生産戦略が企業戦略となる。これらの階層ごとの戦略は中心的な課題や検討方法は異なるが，相互に整合性のとれた一貫したものになっていることが求められる。

3．経営戦略の2面性

　ミンツバーグ(Mintzberg, H.)によると，企業内で具体的に実行される経営戦略は，①計画的な側面と②創発的な側面の両面が存在する[5]。計画的な側面とは，経営者を始めとする特定の人々が綿密な計画を立て，それを予定通り執行するプロセスである。すなわち，経営戦略の計画と実行は明確に分離され，経営者の意図した戦略を組織メンバーは忠実に実行することが期待され，管理者は計画遂行の過程を管理するというものである。経営戦略を計画する人々は，自社の強み，弱みを分析し，外部環境がもたらす機会と脅威をきちんと把握しながら戦略を構築し，戦略実行のための資源配分を行なう必要があり，戦略形成における役割は非常に大きなものとなる。
　これに対して，創発的な側面とは，経営者を始め企業内の組織メンバーが何らかの形で戦略形成に影響を及ぼすプロセスである。企業を取り巻く環境変化が安定的で予測可能な状況においては，経営戦略の計画的側面を重視し，さまざまな戦略代替案を検討することは合理的であり，安全かつ確実な方法といえる。しかし，環境変化が激しく不確実な状況にあっては，経営者が意図した戦略はすべて実行されるのではなく，一部は実現されない場合がある。その一方で，環境変化は新たな機会を生み，事業発展の可能性が生まれるかもしれない。予期しない環境変化の機会を捉え，組織メンバーの創造的な問題解決活動により新たな戦略を創造する過程が創発的側面である。このように，戦略形成のプロセスには計画的側面と創発的側面の両面があり，どちらの性格が強く現れるかは，環境の状況と企業のマネジメントに依存するのである。

第2節　多角化戦略

1．アンゾフの成長ベクトル

　アンゾフ（Ansoff, H. I.）は，製品と市場の組み合わせを事業と定義し，企業戦略の方向性を成長ベクトルという概念で示した。図表4-1に示すように，製品と市場をそれぞれ既存と新規に分けると，成長ベクトルは4つの方向性が考えられる[6]。

　市場浸透戦略は，現行の製品と市場を変えずに成長を図る戦略である。現状のマーケティングやオペレーションを強化することで，顧客の購入量を増やす，競合他社の顧客を奪うなどの方法で売上拡大を図る。市場開発戦略は，新市場に既存製品を投入して成長を図る戦略である。海外市場への進出やインターネットによる販売，あるいは既存製品の仕様を少し変えて新たな用途開発を図るなどの方法が考えられる。製品開発戦略は，新規の製品を既存市場に投入する戦略である。自動車や飲料メーカーが頻繁に新製品を投入し，需要の維持・拡大を図るのはこの典型的な例である。

　多角化戦略は，新製品を新市場に投入する戦略である。多角化戦略のタイプは関連型多角化と非関連型多角化に分けられる。関連型多角化は，企業の保有する中核技術面，または販売経路やブランドなどのマーケティング面で関連する新規事業に進出するものである。これに対し，企業にとってまったく未経験

図表4-1　成長ベクトル

		製品	
		既　存	新　規
市場	既　存	市場浸透戦略	製品開発戦略
	新　規	市場開発戦略	多角化戦略

出所：Ansoff（訳書）〔1969〕p. 137。

な分野に進出するのが非関連型多角化である。多角化の成功確率と収益性を重視する場合は関連型多角化が望ましいが，企業の成長性を重視する場合は本業を離れた非関連型多角化が優れた方法であるとされている。

2. プロダクト・ポートフォリオ・マネジメント

多角化した企業が複数の事業に対していかに効率よく資源分配するかという問題を解決する実践的手法としてプロダクト・ポートフォリオ・マネジメント（Product Portfolio Management：PPM）がある。PPMは，市場成長率の高低と自社の相対的マーケットシェアの高低で4つの事業領域を区別し，図表4-2に示すように，それぞれ「花形」「金のなる木」「問題児」「負け犬」という名前を付け，個々の事業または製品を位置づける。個々の事業には寿命があるため，「金のなる木」に位置づけられる事業が生み出した資金を，市場成長率が高いため多額の資金が必要とされる「花形」や「問題児」に振り向け，将来の「金のなる木」を育成することで，企業全体として最も効率的な資源配分を目

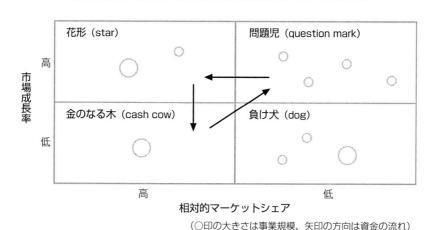

図表4-2　プロダクト・ポートフォリオ・マネジメント

（○印の大きさは事業規模、矢印の方向は資金の流れ）

出所：井上・佐久間〔2008〕図Ⅲ-5，図Ⅲ-6を合成し筆者作成。

指す。また,「負け犬」に位置づけられる事業は縮小または撤退の対象とする。このように，PPMは現在利益の出ている事業だけでなく，将来の企業成長の源泉となる事業が何であるかを見極め，資源を投入していくことの重要性を示すものであるが,「既存」事業間における「資金」の最適配分を重視することから，新規事業の探索・創造や各事業間のシナジー効果が考慮されていないといった限界も指摘されている。

第3節　競争戦略

1．ポーターの競争戦略論

　1970年代後半から，経営戦略の分野では多角化戦略から個別の事業の競争戦略が注目されるようになった。競争戦略の研究で最も大きな貢献を行なったのはポーター(Porter, M. E.)である。ポーターは，企業間の業績の差異の多くの部分は個別企業の努力を超えた産業構造レベルの力によって規定されると考え，それゆえ，あまり競争の激しくない，収益機会の高い魅力的な業界を見つけ出し，他社に先駆けて競争圧力から防衛する自社のポジションを確保することが重要な戦略になるとした[7]。このように，企業の外部要因を重視し，市場や業界の分析から競争戦略を考えるアプローチをポジショニング・ビュー(positioning view)という。ポーターは，産業の競争構造を分析するに当たり，5つの競争要因(five forces)に着目した。すなわち，①新規参入の脅威，②代替品の脅威，③買い手の交渉力，④売り手の交渉力，⑤既存競争業者間の敵対関係の5つである。これらの競争要因は企業の戦略行動の規定要因として働き，最終的な業界の収益構造が決定されるとした。たとえば，参入障壁が低く，代替品が出現する可能性があり，買い手・売り手の交渉力が強く，競争相手が多いほど，業界の収益率，ひいてはそこに所属する企業の収益性は低下すると考えられる。

　業界構造分析の結果に基づき，実際の競争戦略が策定される。ポーターは，

競争圧力から自社を防衛する位置を確保する基本戦略として，コスト・リーダーシップ戦略，差別化戦略，集中戦略の3つを挙げている（図表4-3）[8]。

コスト・リーダーシップ戦略は，業界内の競合他社よりも低コストを実現する仕組みを追求する戦略である。具体的な方法としては，規模の経済を活かし，大量生産・販売・発注により単位コストを切り下げる，学習・経験効果により生産性向上や人件費削減を図る，顧客にとって不要な製品機能やビジネスプロセスを削減する，賃金の安い国や地域に生産，調達先を移すなどが考えられる。

差別化戦略は，自社の製品やサービスの価値を高め，競合他社より優れた顧客効用を追求する戦略である。製品やサービスの価値を認めるのは顧客である。技術的に優れたものが顧客にとって必ずしも効用が高いとは限らないことに留意しながら，製品・サービスの機能，価格，デザイン，ブランドイメージ，販売経路，顧客サービスなどの方法を組み合わせて差別化を図る場合が多い。

集中戦略は，特定の市場（顧客層），特定の製品など限られた領域で競争する

図表4-3　3つの基本戦略

出所：Porter（訳書）〔1982〕p. 61，〔1985〕p. 16に基づき筆者作成。

戦略である。業界全体を対象とするよりも活動領域を限定することで，コスト集中，差別化集中，またはその両方を狙うことができる。集中戦略は競争の範囲の観点からの分類であり，競争優位の源泉は，本質的にコスト・リーダーシップと差別化の2つである。

上記の基本戦略を推進するためには，競争優位の源泉が企業活動のどこにあるかを明らかにし，それを改善，強化する必要がある。企業の競争優位は顧客に提供する価値から創造されるという考え方から，価値を生み出す企業活動のつながりを価値連鎖(value chain)という[9]。図表4-4に示すように，価値連鎖は価値を作る企業活動とマージンからなる。価値を作る活動は製品やサービスを顧客に届けるための直接的な活動である主活動(購買物流，製造，出荷物流，販売・マーケティング，サービス)と，主活動を支援することにより間接的に付加価値を生み出す支援活動(全般管理，人事・労務管理，技術開発，調達活動)に分けられる。企業の競争優位は，価値連鎖を構成する個々の活動だけでなく，活動の連結を通じて生み出される可能性が高いため，価値創造活動を効果的に組み合わせていくことが必要である。

図表4-4　価値連鎖

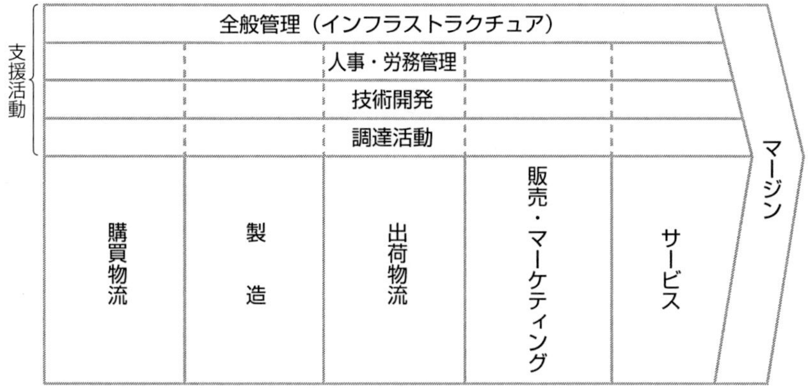

支援活動	全般管理（インフラストラクチュア）					マージン
	人事・労務管理					
	技術開発					
	調達活動					
	購買物流	製造	出荷物流	販売・マーケティング	サービス	

主活動

出所：Porter（訳書）〔1985〕p. 49。

2．経営資源と競争優位

　ポーターの戦略論に対し，1980年代後半以降，企業の内部要因に着目して競争戦略を考えるアプローチが台頭した。これはまず，リソース・ベース・ビュー（Resource-Based View：RBV）と呼ばれる一連の研究のなかで発展していった。RBVは，企業が他社より優れた経営資源や能力を保有することで，効果的な戦略の展開が可能になるという考え方であり，いかに持続的に競争優位を確立する経営資源や能力を獲得，蓄積，活用するかを問題としている。

　経営資源は，一般にヒト，モノ，カネ，情報といわれるが，競争優位という観点からは，有形資源と無形資源に大別すると分かりやすい。有形資源とは，工場設備や現金などの目に見える資源であり，その特徴は使えば使うほど消耗することである。一方，無形資源は技術，ブランド，社員の意欲といった目に見えない資源であり，使えば使うほど価値が増大する性質がある。無形資源は有形資源と違って他社がまねしにくい資源であり，競争優位の源泉となりやすい。バーニー（Barney, J. B.）によると，経営資源や能力が持続的な競争優位の源泉となるためには，それらが①経済的価値を持ち，②希少であり，③模倣困難性があり，④組織的に活用される仕組みがある，の4つの条件を満たす必要があるとしている。彼は，当該企業が独自の経験を通じて培ったサプライヤー，顧客，補完的企業との良好かつ緊密な関係に注目しており，ポーターがこれらの相手を業界の収益性を収奪する脅威としてしか見ていなかったこととは対照的である。

　また，優れた経営資源や能力を獲得しても，それが環境変化により弱みに転じてしまっては競争優位を持続することは困難である。したがって，変化する環境のなかでいかに経営資源を獲得し，効果的に活用していくかが議論され，経営資源や能力そのものとともに，それらを活用する組織能力が重要であるとする能力ベースの企業観も出現した。組織能力とは，多様な経営資源を蓄積・保有するだけでなく，それらを独自の方法で組み合わせて価値を創造するダイナミックな能力であるといえる。

なお，ポジショニング・ビューとリソース・ベース（または能力ベース）・ビューは，戦略を考える始点を企業の外部要因に置くか，内部要因に置くか，という観点からの学問上の分類であり，実際には両面のアプローチを柔軟に活用して競争優位の戦略を確立すればよいのである。

第4節　外部資源活用戦略

1．代表的な戦略的手段

　製品のデジタル化を始めとして技術革新のスピードが加速するなかで，顧客ニーズは多様化し，製品のライフサイクルはますます短命化している。このような環境変化は産業の垣根を超え，グローバルな規模で展開しており，企業の競争ルールは新技術の開発と投入のサイクルを短縮するビジネススピードの勝負へと大きく変化している。企業は自社の研究開発部門で新製品を開発し，自社の既存の販売経路や人材を活用して事業展開を行なうといった企業内部の努力だけでは環境変化への対応が困難になりつつある。また，膨大な固定化した人的・物的資産を抱えることは，環境変化への対応力を高める上で逆機能として働くリスクも高まっている。したがって，企業の内部資源に依存しないで，他社が保有する技術，機能，人材を利用して競争優位を確立する外部資源活用戦略が重要な経営課題となってきている。
　一般に外部資源を活用する戦略的手段としては，アウトソーシング，M&A，提携の3つが挙げられる。第1のアウトソーシング（outsourcing）は，業務を外部委託することである。自社にとって必要な業務であるが，自社よりもその業務をうまく遂行できる外部の専門企業に委託することは，より高い品質，コスト削減の効果が期待できる。アウトソーシングは，自社にとって戦略的に重要なコア業務を見極め，それ以外の業務を外部委託するため，自社業務との連携により新たな価値を生み出すことはあまり考えていない。
　第2の手段のM&A（合併・買収）は，2つ以上の企業が法的に1つの企業に

なることであり，外部環境を内部コントロールすることを意味する。M&Aの効果は規模の経済の獲得による市場競争力の向上や価格交渉力の向上，範囲の経済の獲得による自社の事業ポートフォリオの充実と競争力強化，成長分野への素早い対応，自社の事業補完などが考えられるが，異なる企業の組織文化や制度の統合という困難な問題を抱え，うまく統合できない場合は企業成長に障害を与えるという逆の結果をもたらす可能性がある。

第3の手段の提携は，独立した企業が契約により協力する形態であり，生産面では部品供給やOEM（相手先ブランドによる生産），販売面では販売代理，研究開発面では技術協力や共同開発などが挙げられる。また，株式保有を通じた資本提携，共同出資で会社を設立する合弁事業を行なうこともある。企業間の提携では，相互学習により自社にない技術やスキルを獲得したり，新製品・新事業を開発したりすることも多い。このように，企業の将来にとって影響力の大きい大規模な提携関係を戦略的提携という。戦略的提携は単なる提携とは異なり，「競争しながら協力する」という性質が強く，明確な戦略的意図を持って競合企業とも協力関係を結ぶことが多い。提携はゆるやかな企業間関係であり，アウトソーシングとM&Aの中間的特性を持つといえる。

2．企業間ネットワークのマネジメント

企業同士が製品を共同開発したり，部品を外注したりする業務単位の協力体制から視野を広げ，最終顧客を明確に意識して，商品供給に関わる企業，ヒト，業務のつながり（サプライチェーン）を1つのビジネス・プロセスとして捉え直し，全体最適を目指して管理することをサプライチェーン・マネジメント（Supply Chain Management：SCM）という。SCMを実行するには，顧客満足向上の観点から企業間で利害調整を図り，相互に協力することが必要になる。すなわち，企業間で業務プロセスを見直し，商品企画・開発力を高め，業務の重複や時間の停滞を排除するビジネス・プロセス・リエンジニアリング（Business Process Reengineering：BPR）を志向する必要がある。企業内での業務改革でもなかなか進まないのに，企業間にまたがる改革は大きな困難が予想されるが，

サプライチェーン全体として顧客満足の得られる行動をとらなければ，各企業の繁栄もあり得ないという考え方を重視するのである。

　また，SCMによる企業間ネットワークの形成を前提として，特定の事業領域を戦略的に選択する専門企業もみられる。たとえば，1980年代のアメリカでは，製造業でありながら製品開発や販売の機能を残し，生産は外部委託するファブレス企業がすでに出現している。同時にこうした企業の生産を専門に引き受け，規模の経済と生産管理技術を活かして低コストで生産受託するEMS (Electronic Manufacturing Service)が台頭している。物流・ロジスティックスについても，(荷主側でも荷受け側でもない)第三者の専門企業の出現によって，3PL (Third Party Logistics)という手法も生まれている。

　SCMを効果的に運営していくためには，製品や組織構造を開放的にし，他社の資源との組み合わせを容易にする経営のオープン化・標準化を達成することが望まれる。ここでのポイントは，製品のコンポーネントの接続方法や仕事の手順と情報の受け渡し方法などインタフェースに当たる部分を社会的に通用する標準的な方法を採用することであり，製品や仕事の内部構造は，取引相手として選んでもらえるだけの独自性を確保し，差別化の源泉とすべきである。

　また，SCMにおける最適な取引相手を見つけ出す手段として，eマーケットプレイス(e MarketPlace：eMP)が活用できる。eMPは複数の売り手企業と買い手企業が一堂に会するインターネット上の取引の場である。たとえば，自動車部品の共同調達サイトでは，自動車メーカーと部品メーカーが相互に最適な相手を探索し，サイトの提供する情報共有，物流，決済，与信管理などの機能を活用して商取引を開始する。同様のeMPは電機・電子，機械，食品，運輸，エネルギーなどの分野にも広がり，取引商品やサービスは多岐に渡っている。このように，eMPの仕組みを利用することにより，企業は事業ごとに取引先や提携先を変え，新たな価値を生み出すネットワークを柔軟に形成することができる。したがって，SCMはeMPとの連携を強めることにより，より高いレベルでのコラボレーションが可能となり，サプライチェーンのより高度で弾力的な運営が可能になるのである。

第5節　ネットビジネスの経営戦略

1．ネットビジネスの進展と特徴

　企業間の EDI（Electronic Data Interchange）や CALS（Commerce At Light Speed）によるネットワーク化は特定の業界・企業間での閉じたネットワークであった。インターネットは従来の分断された個別のネットワークを接続し、大企業のみならず中小企業や顧客などすべての利害関係者をネットワークに取り込み、新たな市場空間を形成した。この空間をビジネスに活用し、事業運営を行なう形態をネットビジネスという。ネットビジネスはインターネットが実現するナビゲーション機能、すなわち「リーチ」「リッチネス」「アフィリエーション」を競争の手段として活用する[10]。

　リーチ（reach）とは、企業が多くの取引相手（顧客やサプライヤーなど）にアクセスできることである。また、リッチネス（richness）とは、企業が取引相手に対して与える、または相手に関して集める情報の充実度のことである。マスメディアによる広告はリーチには優れるが、リッチネスには乏しい。営業員による訪問は逆にリッチネスには優れるが、リーチには乏しい。このように、従来の方法ではリーチとリッチネスの間にトレードオフの関係があったが、インターネットでは多くの相手を対象に詳細かつカスタマイズされた情報を容易に提供することができる。

　また、アフィリエーション（affiliation）とは、企業が誰の利益を代弁するかという概念である。従来の店舗はメーカーの販売代理の機能を果たしており、顧客が望む製品やサービスを取り揃える購買代理としての機能は弱かった。インターネットでは販売代理と購買代理の両方の機能が追求できるのである。

　ネットビジネスはインターネットが可能にするナビゲーション機能を活用して顧客との電子商取引を実現する。すなわち、マーケティング（広告、営業）、受発注、課金・決済などのフロントエンド業務が市場空間で可能になる。しか

し，実際にビジネスを完結させるためには製品やサービスの企画・開発に始まり，調達，生産，物流などを行なうバックエンド業務が不可欠であり，それにはリアルな物理空間を必要とするのである。たとえば，インターネット書店のアマゾン・ドット・コム（Amazon.com）は，ネットで注文された本を顧客に届けるために，広大な倉庫を建設し，本の取り揃えと配送のために多くの人々がバックヤードで働いている。また，製品がサービス財（金融取引，予約など），デジタル財（情報提供，ソフトウェア販売，音楽配信など）の場合は，インターネット上で製品の配送が可能であるが，製品を企画・開発する人々や，取引データを処理，分析，蓄積する巨大なデータベースの構築などが不可欠であり，リアルな空間での活動は必ず存在している。このように，ネットビジネスはインターネットによる空間市場とリアルな物理空間における活動が融合することで成り立っている。

2．ビジネスモデルによる競争の実際

2000年にアメリカのNASDAQ（ナスダック）市場でIT関連企業の株価が暴落し，ネットバブルが崩壊したことにより，インターネット自体に競争力の源泉があるのではないことがはっきりした。ネットビジネスの競争力はあくまでもビジネス自体にあり，製品・サービスの内容や事業の仕組みで差別化を図る必要がある。これをビジネスモデルの観点からみると，ネットビジネスはビジネスモデルを革新することで顧客の囲い込みを図り，成長してきたといえる。ビジネスモデルとは，顧客価値を創造するためのビジネスデザインの基本的な枠組みであり，簡単に言えば「儲けを生み出す具体的な仕組み」である。ビジネスモデルの構成要素は，①顧客ターゲットと顧客価値の決定，②顧客価値を実現する製品やサービスの開発・設計，生産，販売，流通などに関する業務システムの設計と，自社の担当業務およびアウトソーシングする業務の決定，③利益を上げる具体的方法の設計，の3つからなり，いずれかを革新することで新しいビジネスモデルが生み出される。

ネットビジネスの初期のモデルとしては，ダイレクト・モデルが挙げられ

る。ダイレクト・モデルは顧客やサプライヤーと直接結びつき，商品やサービスを直接販売することにより収益を上げるモデルである。従来の商品流通経路は，サプライヤー→メーカー→卸→小売業→顧客という流れであったが，ダイレクト・モデルによってメーカー→顧客という直接的な取引関係が成立し，中間業者が中抜きされる現象がみられる。デル社は，最新のパーツをカスタマイズできる注文生産と顧客に直接販売する直販方式のダイレクト・モデルを構築し，短納期と低価格を実現して，後発メーカーでありながら，世界有数のPC（パソコン）メーカーとなった。また，商品を仕入れて販売するオンライン小売業という形態もあり，オンライン小売業→顧客というダイレクトな関係も成立している。このように，多くの企業が顧客に直接販売する手段を持つことは，顧客からみれば個々の企業を探索し，商品やサービスの情報をいちいち収集する手間がかかることを意味する。そのため，特定の分野の商品情報を大量に蓄積して顧客に検索させ，物品やサービスの販売を仲介する新しいタイプのビジネスモデルが誕生した。これが情報仲介業（infomediary；インフォミディアリ）である。すなわち，メーカー・オンライン小売業→情報仲介業→顧客という関係が新たに成立する。情報仲介業者は売買情報を仲介するだけで，直接物品やサービスの販売は行なわない。売り手に対しては販売代理，買い手に対しては購買代理の機能を提供する。収益は売り手から徴収する仲介手数料で成り立っているため，買い手の集客力がポイントとなる。パソコン，家電を始めさまざまな分野の商品比較サービスを行なう価格.comや，宿泊，チケット予約の楽天トラベル，レストラン情報サービスの「ぐるなび」などが代表的なものである。インターネット・モールの楽天市場，企業間取引の場を提供するeマーケットプレイス業者も情報仲介業である。

　最近，顧客は検索エンジンを利用して必要な情報を探し出すという行動が一般化しており，個々の企業と顧客を結びつける検索エンジンの影響力が増大している。すなわち，メーカー・オンライン小売業・情報仲介業→検索エンジン→顧客の関係が優勢となり，特定の分野の情報仲介業が中抜きされる可能性も指摘されている。グーグル（Google）は検索結果の適切さとGメール，グーグル・マップ，グーグル・アースなどの無料サービスを提供することで集客力を

高め，検索ワードに連動して表示される検索連動型広告などにより，多数の企業や個人から広告収入を得るビジネスモデルで運営されている。

3．ビジネスモデルの設計原理

ビジネスモデルが高い価値を生み出す設計原理として，従来から規模の経済，範囲の経済，スピードの経済などが指摘されてきた。これらはネットビジネスでも有効である。たとえば，大量生産，調達，販売による製品価格の低下(規模の経済)，取扱商品やサービスの多様化によるワンストップ・ショッピングの実現(範囲の経済)，翌日配送・当日配送(スピードの経済)が追求されている。しかし，ネットビジネスでは，これらの設計原理に加え，さらに次のような新たな固有の競争上の要因にも配慮しなければならない。

① ネットワーク外部性の経済

ネットワーク外部性とは，製品やサービスの利用者が増えれば増えるほど，利用者全体の価値や利便性が高まっていく特性のことである。ネットビジネスでは集客力が競争優位の源泉となる場合が多いため，ネットワーク外部性の効果をうまく活用することが必要である。他社よりも早く一定の顧客数(クリティカル・マス)を超えることにより，加速度的に集客力を高めることができる。

② 検索の経済(サーチ・エコノミー)

顧客が検索したキーワードを分析することにより，顧客の嗜好を理解し，ビジネスに活用する経済がサーチ・エコノミーである。検索エンジンがポータルサイトとしての地位を確立しつつある現状に対して，顧客が主体となり情報を探す関係から，検索情報を主体として顧客を特定する関係への変化を意味する。

③ クリック&モルタルの経済

クリック&モルタルという概念は，顧客とのインタフェースにおいて，リアルとインターネットを関係づけることによる効果を追求することである。たとえば，販売チャネルとして実店舗とインターネット上の店舗の両方を持つことで，顧客の認知度と信頼を高めることが容易になる。

④　オンライン・コミュニティの経済

　顧客同士がインターネット上のコミュニティで交換する商品やサービスの情報を活用する価値が高まっている。とくに，最近はCGM (Consumer Generated Media；消費者発信型メディア) と呼ばれるブログやSNS (Social Networking Service) の浸透により，人気商品の口コミやレビューはまたたく間に広範囲に広がり，一気に巨大なビジネスが作り上げられることもめずらしくない。企業はこのような情報を基本的にコントロールできないが，情報を分析してマーケティング戦略を早期に修正するなどビジネスへの活用が求められる。自社サイトにオンライン・コミュニティを設置する場合は，中立性の確保に留意し，ネガティブな書き込みへの対応を考えておく必要がある。

⑤　ロングテールの経済

　従来のビジネスは「全体の2割が8割の成果を決める」という20：80の法則に基づき，2割の売れ筋商品や優良顧客に着目し，残りを切り捨ててきた。しかし，ネットビジネスでは，切り捨てた「残りの8割」からの売上げを積み重ねることにより，ベストセラーに匹敵する，またはそれを上回る売上げが期待できる。この現象は，売上高の多い順に並べるとニッチ層は長い尻尾のように見えることから，ロングテール現象と呼ばれている。インターネット上の書籍販売，音楽配信，ソフトウェア販売，広告などはロングテール現象が適用できるため，リアルビジネスとは収益構造が異なると指摘されている。

　ネットビジネスは，上記のさまざまな経済原理を活用した差別化が可能である。しかし，クリック1つで他社サイトへ移動できるネットビジネスのマーケットはつねに不安定，不確実な状態に置かれており，いったん成功を収めたからといって安心はできない。ネットビジネスは参入障壁が低く，魅力的なビジネスモデルはまねされやすい。顧客を引きつけ，競争優位性を維持するためには，自社のコアとなる強みを活用し，ビジネスモデルを改善し続けることで継続的な顧客価値の向上を図っていかなければならない。

> [コラム]

デル社のダイレクト・モデルと競争優位[11]

　デル社のダイレクト・モデルは，これまでカスタマイズ・ニーズの高い法人顧客と直販比率の高いアメリカ市場をターゲットとして最もよく機能し，競争優位を実現してきた。デル社の売上高に占める法人顧客の割合は9割近くを占め，アメリカ市場は5割を超える。これは顧客ターゲットを絞るという観点から言えば極めて戦略的であるといえるが，2005年頃から①法人市場の成長鈍化と一般消費者市場の拡大，②日米先進国市場の成長鈍化とBRICs（ブラジル，ロシア，インド，中国）市場などの新興国市場の拡大，③低価格ノートPC市場の拡大といったトレンドがみられ，デル社はそれに乗り遅れてしまった。

　このトレンドをいち早く捉えたのがHP（ヒューレット・パッカード）社であり，デル社は2006年にPCメーカーシェア世界一の座をHP社に明け渡すことになった。デル社はあくまでも直販にこだわったが，一般消費者市場，新興国市場向けには販売店を開拓することが重要であった。デル社は過去に大きな成功をもたらした価値観やビジネスの仕組みに固執するという成功体験の罠に陥ってしまったのかもしれない。企業は新しい市場機会を探索して変化を先取りし，それに適応し続けていかなければ安定した成長は望めない。デル社は新たな機会を逃さないように，ビジネスモデルの再構築が急がれるのである。

《設問》

① 大企業であっても多角化が進んでいない例があるが，その理由について考えてみなさい。
② ポーターは基本戦略のうち，同時に2つの戦略を追求してはならないと主張しているが，これに対するあなたの考えを述べなさい。
③ 価値連鎖とサプライチェーン・マネジメントの違いについて述べなさい。
④ あなたが思いつくネットビジネスを挙げ，なぜその企業が成功しているかについて考察しなさい。

《注》

（1） Chandler, Jr.（訳書）〔2004〕p. 17。
（2） Ansoff（訳書）〔1969〕p. 149。

（3） Porter（訳書）〔1982〕p. 55。
（4） 大滝・金井・山田・岩田〔2006〕p. 14。
（5） Mintzberg et al.（訳書）〔1999〕pp. 10-13, pp. 205-208。
（6） Ansoff（訳書）〔1969〕pp. 135-140。
（7） Porter（訳書）〔1982〕pp. 17-54。
（8） Porter（訳書）〔1985〕pp. 15-28。
（9） Porter（訳書）〔1985〕pp. 45-61。
（10） エバンス＆ウースター〔2000〕p. 49。
（11） 「特集2 デルの起死回生」『週刊ダイヤモンド』第96巻25号特大号（2008.6.28），pp. 138-147を参考にした。

《参考文献》

Ansoff, H. I.〔1965〕*Corporate Strategy*, McGraw-Hill, Inc.（訳書，広田寿亮訳〔1969〕『企業戦略論』産業能率大学出版部。）

バーニー〔2001〕「リソース・ベースト・ビュー」『Diamond Harvard Business Review』5月号，ダイヤモンド社。

Chandler, Jr. A. D.〔1962〕*Strategy and Structure*, MIT Press.（訳書，有賀裕子訳〔2004〕『組織は戦略に従う』ダイヤモンド社。）

エバンス・ウースター（太田直樹訳）〔2000〕「ナビゲーションを制する者がeコマースを制す」『Diamond Harvard Business』5月号，ダイヤモンド社。

井上善海・佐久間信夫編著〔2008〕『よくわかる経営戦略論』ミネルヴァ書房。

Mintzberg, H., Ahlstrand, B. and J. Lampel〔1998〕*Strategy Safari*, Free Press.（訳書，斉藤嘉則監訳〔1999〕『戦略サファリ』東洋経済新報社。）

大滝精一・金井一頼・山田英夫・岩田智〔2006〕『経営戦略〔新版〕』有斐閣。

Porter, M. E.〔1982〕*Competitive Strategy*, Free Press.（訳書，土岐坤・中辻萬治・服部照夫訳〔1982〕『競争の戦略』ダイヤモンド社。）

Porter, M. E.〔1985〕*Competitive Advantage*, Free Press.（訳書，土岐坤・中辻萬治・小野寺武夫訳〔1985〕『競争優位の戦略』ダイヤモンド社。）

十川廣國編著〔2006〕『経営戦略論』中央経済社。

寺本義也・岩崎尚人編〔2004〕『経営戦略論』学文社。

遠山曉・村田潔・岸眞理子〔2008〕『経営情報論（新版）』有斐閣。

（中村　雅章）

第 5 章

組織とネットワーク

本章のまとめ

① 組織とは，一定の目的を達成するために形成された人々の活動システムである。組織の環境適応は，受動的な環境適合から，組織の戦略的行動や知識創造を強調するより主体的なものに変わってきている。
② 組織構造は分業と調整のあり方の安定的パターンであり，具体的な形態としては，職能別組織，事業部制組織，マトリックス組織，ネットワーク組織などがある。
③ 組織コミュニケーションは組織プロセスの中心的地位を占める。電子コミュニケーションの組織的効果は2段階・2面性という特徴を持っている。
④ ナレッジ・マネジメントは組織の知識を包括的に管理する考え方であり，その実践には，技術的行動と社会的行動の両面が必要である。

第1節　組織の捉え方

1．組織の概念

　1人の力では実現不可能または困難なことを成し遂げるために，人々が協力して行動するとき，そこに組織が生まれる。組織とは，バーナード(Barnard, C. I.)によれば，「2人以上の人々の意識的に調整された活動や諸力の体系」[1]と定義される。また彼は，組織が成立する要件として，コミュニケーション，

共通目的，協働意欲の3つを挙げている。

　組織は，一定の目的を達成するために，複数の人々から形成され，人々の活動により成り立っている。人々が協力して働くことが協働であり，その基本原理は分業と調整にある。分業とは，全体の仕事を細分化し，個々のメンバーがそれぞれ役割分担して遂行することである。各人に割り当てられた仕事を職務という。分業は能率性の源泉でもある。特定の仕事を専門的に行なうことで，高度な知識やスキルの蓄積を容易にし，仕事のスピードを上げ，間違いを低減する。分業または専門化は，必然的に調整（協業）を要請する。職務と職務をうまく連結・統合することで分業の効果が生かされる。このように，組織は効果的な協働の仕組みにより，1人ひとりの人間が成し得ることの単純な総和以上の成果を生み出す体系（システム）と理解できる。

2．公式組織と非公式組織

　組織には公式組織と非公式組織がある。公式組織とは，組織が合理的に機能するように意図的に編成された組織である。一般に組織という場合は公式組織を指している。前述のバーナードの定義も正確には公式組織の定義である。公式組織では，組織の目的を明確に規定し，個々人に職務を割り当て，それに伴なう責任と権限を配置する。そして，自分より大きな権限を持つ上司の命令を受け取り，職務を遂行し，その結果を上司に報告しなければならない。

　これに対し，計画的に編成された組織ではないが，個人的な感情や連帯感に基づく人間関係により自発的に形成された組織を非公式組織という。非公式組織では社会的な相互作用を通じて共通の態度，慣習，価値観を生み出し，それが個人の行動を規制する集団規範となる。非公式組織は公式組織に対して補完的に作用するとともに，時には対立的にも作用する。このため，現実の組織運営では非公式組織の存在に十分な配慮が必要とされる。

3．組織構造と組織プロセス

　公式組織が成立し，ある程度存続すると，組織目的を達成していくための分業と調整のあり方は，ある安定的なパターンを持つようになる。この安定的パターンを組織構造という。組織構造を把握する要因としては，分業，部門化，階層，公式化，集権化・分権化などがある。

　分業は，前述のように個人レベルの仕事の細分化の程度である。これに対して，部門化は組織レベルでの専門化・分業の程度を表す。現実の部門化は，厳密にみれば企業または事業ごとに異なるものであるが，大まかにみればいくつかの類型に分けられる。それが形態的な側面からみた組織構造の分類であり，後述するように職能別組織，事業部制組織などがある。

　部門化は組織の水平的な分化とすれば，階層は組織の垂直的な分化である。1人の上司が効果的に管理できる部下の人数には限界があるという統制の幅 (span of control) の原則から，企業規模が大きくなるにつれて，一般に階層は高くなる。また，公式化は，組織の規則，手続きが標準的に定められている程度のことであり，集権化・分権化は，一定の決定を行なう権限が管理階層のトップに集中している程度，または逆に組織に広く分散している程度である。

　組織構造は組織の静的な側面であるのに対して，組織を実際に動かしていく動的，社会的な側面を組織プロセスという。組織プロセスは，組織メンバーまたは部門同士を結びつけるコミュニケーションを中心に，意思決定，リーダーシップ，コントロール，コンフリクト解決，業績評価・報酬システムなどが含まれる。

第2節　組織と環境

1．伝統的組織論

　伝統的な経営理論では，企業はクローズド・システムとして扱われており，その外部環境に関わりなく，普遍的に有効と認められる組織の条件を探究してきた。最善の組織とは，人間の怠業や誤りを排除する構造的な仕組みを持った組織と考え，作業の標準化，細かな分業と専門的訓練，規則の遵守などを基本としていた。このような組織の代表的なものに官僚制がある。官僚制は権限の階層，規則や手続き，計画と目標を合理的に設定し，人々は没人格的，機械的に行動することが求められ，形式主義の弊害など逆機能も指摘された。一方，組織の人間関係の重要性に着目し，それを活かす組織が最善と考える研究グループも出現した。しかし，この両者は主張する内容が正反対であるものの，組織設計において唯一最善を求めたという点で同一のものであった。

2．コンティンジェンシー理論

　組織化の普遍的な方法を探究してきた伝統的な考え方に代わって，現在一般的な考え方は，あらゆる環境に有効な組織形態は存在しないというものである。企業は環境との相互作用を通じて生存するオープン・システムと認識され，最適な組織構造は環境条件により異なると考えられている。この立場による研究はコンティンジェンシー理論(contingency theory；条件適合理論)と呼ばれる。先駆的研究としては，バーンズ＆ストーカー(Burns, T. and G. M. Stalker)の研究がある。彼らはイギリスのエレクトロニクス企業に対する事例研究から，安定した環境下では機械的システムが，不安定な環境下では有機的システムが機能的であることを発見している。前者の組織は，公式化の程度が高く，集権的，官僚的な構造を持つ組織であり，後者の組織は逆に公式化の程

度が低く，分権的で構成メンバーの水平的相互作用が活発な組織である。

コンティンジェンシーという言葉を初めて用いたのはローレンシュ＆ローシュ(Lawrence, P. R. and J. W. Lorsch)である。企業を取り巻く環境が不確実化するにつれて，企業はそれを構成する各部門や構成員の態度をそれぞれの部門が直面する部分環境に合わせて多様化（分化）しなければならない。一方で部門間の活動差が大きくなると全体として共通の目標を達成していくための協力状態としての統合が必要になってくる。彼らは，不確実性の高い状態で業績の良い企業は，分化と統合という相反する課題を高いレベルで達成しており，逆に不確実性の低い状態で業績の良い企業は分化の程度が低いことを実証的に示し，組織設計に唯一最善の方法はないと結論づけている。

3．組織の環境適応と組織パラダイム

コンティンジェンシー理論の基本的な主張は，有効な組織は環境特性に依存するということである。しかし，企業は環境にただ受動的に適応しているだけではない。企業は実際に直面している環境に主体的に働きかけることによって，環境によりよく適応している。すなわち，最終的に採用される組織構造は，ある特定の環境に最も適合するものであるが，その環境を選択したり，形成したりするのは企業自体である。このような企業の環境に対する意思決定活動は，第4章で触れたようにチャンドラー(Chandler, Jr., A. D.)によって戦略として明確に認識されるようになった。チャンドラーは，戦略に適合するように組織を改編しなければならないと考え，「組織は戦略に従う」という有名な命題を提示した。しかし，現実的には企業が優れた戦略を策定しても，変革を嫌う組織の抵抗によってそれが実現しないという現象もしばしばみられ，組織が戦略を規定するという側面があるのも事実である。すなわち，新しい戦略は組織能力の向上によって実現することから，優れた経営資源の保有や組織学習の必要性が強調されるようになっている。

これを組織パラダイムの観点からみると，環境のもたらす意思決定・情報処理負荷に対して最も有効な情報処理構造を構築するという「情報処理パラダイ

ム」から，主体的に新しいアイデア，製品，組織を生み出し，イノベーションを創出するという「知識創造パラダイム」への変化と捉えることができる。企業は競争優位の戦略を実現する上で組織の知識創造や管理に積極的に取り組むことが必要になり，ナレッジ・マネジメントへの関心が促進されることになったのである。

第3節　組織形態

1．職能別組織と事業部制組織

　職能（機能）別組織とは，研究開発，生産，販売，人事などの経営職能（機能）ごとに部門編成された組織形態である（図表5-1）。職能別組織では，同じ職務を担当する人々が同じ部門に配属されるために，経験や知識の伝達・共有が容易で，専門性を高めやすいというメリットがある。職能別組織では，部門間の調整や事業責任が経営トップに集中するため，集権化を進めておくことが多いが，企業の規模が拡大し，製品の種類が増えると経営トップの負担が過剰に

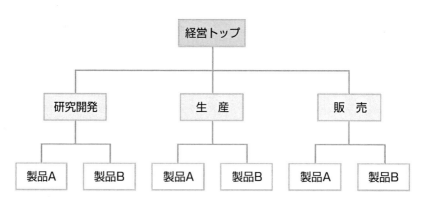

図表5-1　職能別組織

出所：筆者作成。

なり，十分に機能しなくなる。

　そこで，事業の多角化が進み，絶えず経営職能間で調整が必要とされる場合は，製品別，地域別，顧客別などの事業単位で部門を編成する方法がとられる。このような組織形態を事業部制組織という（図表5-2）。事業部制組織は，各部門に業務管理の権限を委譲することにより，経営トップ（本社）の事業運営に関する負担が軽減され，本社はより全社的な意思決定に集中できるというメリットがある。しかし，各事業部は自己完結的に経営機能を保有するため，経営資源面でのムダが生じ規模の経済が追求しにくいことや，事業部をまたがる新商品，新サービスが生まれにくいといったデメリットがある。松下電器（現パナソニック）が事業部制を解体したのは，デジタル家電といった従来の事業部制組織では対応できない商品の出現と，国際競争力を高めるために生産の集約が必要であったことが主な理由といわれている。

　最近の発展形としては，カンパニー制や持株会社制がある。カンパニー制は，各事業部の責任，権限をさらに高め，利益責任だけでなく，資産や資本まで管理させる形態である。また，持株会社制とは，事業を子会社化し，株式保有により分社経営を行なうものである。日本では1997年の独占禁止法の改正により，事業を行なわない純粋持株会社が解禁となった。事業部制からカンパ

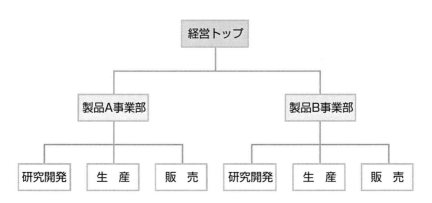

図表5-2　製品別事業部制組織

出所：筆者作成。

ニー制を経て,各カンパニーをそれぞれ事業会社にして本社を持株会社にするというのが1つの流れである。

2. マトリックス組織とプロジェクト組織

　職能別組織と事業部制組織のそれぞれの長所を取り入れ,2つまたはそれ以上の部門を交差させて編成した組織形態をマトリックス組織という(図表5-3)。典型的には職能別組織と事業部制組織を組み合わせたものである。マトリックス組織は,経営機能,製品,地域,顧客など視点を組み合わせて柔軟に組織編成でき,全社的な効率と外部市場への適応性の両面を同時に追求することができる。しかし,指揮命令系統が複数になるため混乱が起きやすく,コミュニケーションの調整と意思決定に時間を要することから,実際には有効に機能しないことも多い。

　そこで現実には,職能別組織または事業部制組織を基本としながら,組織横断的な構造を柔軟に組み込み,さまざまな形態をとっている。その1つの形態としてプロジェクト組織がある。プロジェクト組織は,全社的,戦略的な課題を解決するために,各部門から専門家を集め,権限を与え,期限を定めて活動する組織である。日産のゴーン社長は,プロジェクト組織を具体化したクロス

図表5-3　マトリックス組織

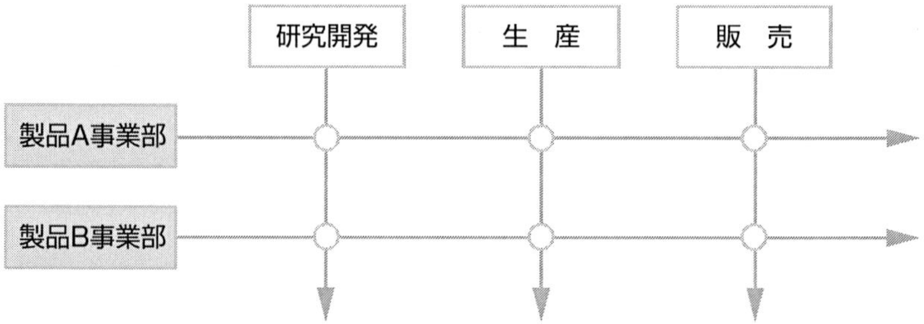

出所：筆者作成。

ファンクショナルチームを活用して官僚的な組織体制を打破し，日産の業績のV字回復を成し遂げた。プロジェクト組織は従来の組織の枠組みのなかで臨時的に形成されるもので，組織形態の変化・改革とは異なる。

3．ネットワーク組織

ネットワーク組織とは，組織構造をより動的，流動的なものに改革し，環境変化へのより素早い対応を目的としたものである。内部組織に関するネットワークと組織間に関するネットワークがある。

内部組織のネットワークでは，階層構造をよりフラット化，簡素化し，個々の部門の権限を高め，組織の自立化を図ったり，各部門のネットワークを強化したりして，情報流通の効率化を図り，市場・顧客への効果的な対応を行なう。

組織間のネットワークでは，外部組織との情報交換が中心となる。個々の企業は独立性を保ちながら特定の技術や情報，機能，能力について連携し，ネットワークを形成する。企業間連携の例として，バーチャル・コーポレーション（Virtual Corporation：VC）を挙げることができる。VCは，いくつかの企業が設計，製造，販売，流通など，それぞれの得意な分野によって参画し，ネットワークで連携して，全体として1つの企業のように振る舞う形態である。中小企業と大企業など，規模を問わずお互いのコア・コンピタンス（中核的な競争能力）で連携するのが特徴である。

第4節　組織と電子コミュニケーション

1．組織コミュニケーションの重要性

コミュニケーションとは，一般に2人またはそれ以上の人々の間で考え，事実，思い，感情などを伝達し，それが受容されるプロセスである。コミュニ

ケーションは意図の伝達と理解の両方を含む概念である。管理者は何度指示を出しても，それが相手に理解されなければコミュニケーションは成立したとはいえない。

　組織におけるコミュニケーションの重要性を初めて明確に提起したのは，前出のバーナードである。彼は「組織の構造，広さ，範囲は，ほとんどまったくコミュニケーション技術によって決定されるから，組織の理論をつきつめていけば，コミュニケーションが中心的地位を占めることとなる」[2]と述べ，コミュニケーションとその技術の役割を強調している。組織コミュニケーションは仕事の調整や協働ばかりでなく，メンバーを動機づけ，高い信頼を持つコミュニティを作り上げる上でも重要な役割を果たす。

2．電子コミュニケーションの技術特性

　組織コミュニケーションの手段としては，対面，電話，文書といった伝統的メディアに加え，電子メール，電子掲示板などの電子メディアが利用されている。図表5-4は，このようなコミュニケーションメディアを使用言語（口頭言語・文字言語）と同期性（同期型・非同期型）の観点から位置づけたものである。一般に，口頭言語・同期型メディアの方が文字言語・非同期型メディアよりも情報のフィードバック（質問，修正など）が迅速で，コミュニケーションの手がかり（表情，声の調子，言葉，数字など）が複数利用できるため，リッチなメディアと理解されている。リッチなメディアは，コミュニケーションの当事者間で対立した解釈を解消し，1つの共通した理解に達するのに適したメディアである。したがって，伝統的メディアでは，複雑な問題解決は対面を活用し，標準的なメッセージの交換は文書を活用することでコミュニケーションの効果は上がると期待される[3]。しかし，電子メディアについては，技術進歩により多種類のメディアが開発され，図表5-4に示す4つの機能空間を幅広く埋めることになっている。たとえば，電子メール，電子掲示板，電子会議などの機能をパッケージ化したグループウェアは，幅広い技術特性を持つことになる。このような電子メディアを用いた電子コミュニケーションの合理的な使い分けは

図表5-4　情報メディアの位置づけ

	非同期型	同期型
口頭言語	動画配信システム ボイスメール	テレビ会議 電話会議 対面＊ 電話＊
文字言語	電子メール 電子掲示板 ブログ・SNS（Social Networking Service） ホームページ FAX＊ 文書＊	電子会議 チャット

（＊は伝統的メディア）

出所：筆者作成。

一般的な認識が確立しておらず，組織の多様な場面でさまざまな意図のもとに活用され，従来は考えられなかった組織的影響を生む可能性が考えられる。

3．電子コミュニケーションの組織への影響

（1）　2段階の効果

スプロール＆キースラー（Sproull, L. and S. Kiesler）によると，新しいコミュニケーション技術の組織への影響は2つの段階で現れる。第1段階の効果は，主に生産性または効率性の向上といった予測可能な技術的効果である。たとえば，電子メールの導入を考えてみると，時間的，空間的な制約を超えて多くの人々と迅速かつ容易なコミュニケーションが可能になる，メッセージの保存，蓄積やファイル添付により，情報の正確性，網羅性が増す，といった効果である。第1段階の効果が現れた後で，第2段階の社会的・組織的効果が現れる。たとえば，仕事で必要な情報は伝統的な上司，部下の関係だけでなく，多くの人々に直接問い合わせることによって入手する，誰の発言かではなく，どんな

発言かで評価されるようになる、といった効果である。こうした人々の相互作用や関心の持ち方、何が重要かという価値観の変化は予期せぬ効果も生む。仕事に必要な情報を多くの人に問い合わせることは、多くの人が直接関係のないメッセージを読むことを意味するので、組織全体としては仕事の生産性を低下させることになっている。多くの人々がつながりを持つことは、人々の貢献だけでなく不満や抗議の声も容易に拡大することを意味するのである。

　新しい技術の開発者や最初の利用者は基本的に第1段階の効果だけを考えるが、組織にとって重要な社会的影響は第2段階の効果から生まれる。それにもかかわらず、人々は第2段階の効果を軽視しがちであると警告している。

（2）　社会的効果の2面性

　電子コミュニケーションの組織的影響は技術的効果と社会的効果の2段階で進展するが、社会的効果については確定的・固定的ではなく、相反する2面性を持つことに留意する必要がある。たとえば、ウォルトン(Walton, R. E.)は、電子コミュニケーションを含むITの組織的効果は、組織メンバーに情報と権限を分散させ、自主管理を促進してメンバーの参画効果を高めることもできるが、組織メンバーの行動を監視し、階層的管理を強化してメンバーの従属効果を高めることもできると述べている。また、ITは、人間を結びつけ、コミュニケーションを豊かにすることもできるし、人間を孤立化させ、没個性化することにも使える。

　また、電子コミュニケーションが企業組織に及ぼす影響について、過去の実証研究によると、管理階層の数を減らす効果を持つ場合もあれば、その逆に増やす効果を持つ場合もある、公式化が進む場合もあれば減少する場合もある、対面コミュニケーションの量を減少させる場合もあれば、逆に増やす場合もあるなど、組織のさまざまな局面において2面性が確認されている[4]。

　このような社会的効果の2面的効果は、技術決定論(技術特性が結果をすべて決定するという考え方)の立場だけでは説明できない。人や組織がどのような意図、動機を持っているか、組織の集団規範や文化、職務内容などによって影響を受けることになる。組織は人間、職務内容、組織構造、組織文化、技術、戦

略などの要素が複雑に絡み合って成立しているため，各要素間の整合性がとれていることが最も重要である。このうち，1つの要素が変化すると，他の要素も影響を受け，相互に関連を持って変化するという点が重要である。電子コミュニケーション技術の特性・有効性は，これらの関係性のなかで活かされるということである。

第5節　ナレッジ・マネジメント

1．ナレッジ・マネジメントと知識ワーカー

　知識とは，認識論に基づけば「正当化された真なる信念」[5]と定義されるが，企業経営では「正しいことが立証された信用できる情報」，または簡単に「個人の有する経験やノウハウ」を知識と呼ぶ場合が多い。このような知識を管理し，経営に役立てていくのがナレッジ・マネジメント（knowledge management）である。ナレッジ・マネジメントとは，狭義には個人や集団が保有する既存知識を共有・活用することを目指すものであるが，広義には知識の獲得，創造，蓄積，活用を通じて継続的なイノベーションを創出し，企業の競争力を確保することを目的としている。

　ドラッカー（Drucker, P. F.）は，新しい経済においては，知識は単に伝統的生産要素としての労働，資本，土地と並ぶもう1つの資源というより，ただ1つの意味ある資源であるとして，来るべき社会として知識社会の到来を予言した。そして，知識社会に求められる新しい人材像として，知識ワーカーという言葉を作った。知識ワーカーは，従来の技術者やホワイトカラーとはまったく異なる概念で，知識を軸に自律的かつ協調的に働くことができる人々である。知識ワーカーは経済的動機だけで働くのではなく，仕事に達成感や充実感を求め，自ら主体的に仕事を見つけ出し，成果に貢献することを明確に意識する。ナレッジ・マネジメントの重要な目的の1つは，こうした知識ワーカーの自律と協働を助け，組織の知的生産性を高めることである。

2. 知識創造プロセス

知識創造の代表的なモデルとして，野中・竹内(Nonaka, I. and H. Takeuchi)のSECI(セキ)モデルがある。SECIモデルは，知識を，言葉や文章で表現することができない主観的な「暗黙知」と，言葉や文章で表現できる客観的な「形式知」に分類し，暗黙知と形式知の相互変換によって個人，集団，組織の間で知識が共有され，創造されていくプロセスを仮定している(図表5-5)。相互変換のモードには，共同化(Socialization)，表出化(Externalization)，連結化(Combination)，内面化(Internalization)の4つ，すなわちSECIがある。

共同化は，暗黙知から新しい暗黙知を得ることで，身体，五感を駆使した直接体験を通じて個人の知識を獲得するプロセスである。表出化は，暗黙知から新しい形式知を得ることで，対話や思索によって概念やデザインが創造されるプロセスである。自分自身の内面にある暗黙知を表出し，言葉で表現する努力や，他人のイメージや思いを感じ取って言語化する努力が必要になる。

図表5-5 SECIモデル

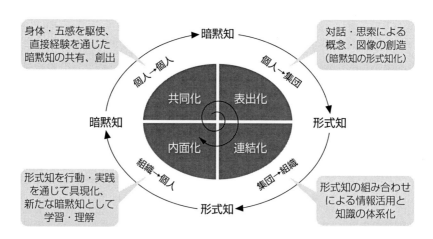

出所：野中〔2002〕p. 10。

連結化は，形式知から新たな形式知を得るプロセスである。既存の形式知を結合，分類，体系化することで新たな形式知を生み出す。内面化は，行動や実践を通じて組織の形式知を個人の暗黙知として学習，理解するプロセスである。このように，組織的知識創造のプロセスは，個人や集団が創造した知識が組織全体の知識として正当化され，それがまた個人の知識となって帰っていくダイナミックなプロセスである。このプロセスをスパイラル的に高めることで，個人の知識は豊かになり，組織の知識創造に貢献する。

　上記の知識創造プロセスが行なわれる共有された文脈や人々との物理的，仮想的な関係性は「場」と呼ばれている。場の種類は大別すると，対面による場と電子コミュニケーションなどのITを活用した場に分けられる。対面による場は，人間同士の直接的な相互作用が不可欠な知識創造のモードに適しており，主に経験を共有する「共同化」，対話を行なう「表出化」，実践に移る「内面化」において活用される。これに対し，「連結化」は，仮想的な空間において形式知化されている知識を連結することが可能であり，必ずしも対面接触を必要としないため，ITを用いた電子空間で展開されることが多い。知識創造は特定の文脈や状況に依存すると考えられることから，場の重要性が強調されている。

3．ナレッジ・マネジメントの実践

　ナレッジ・マネジメントの実践は，技術的行動と社会的行動の2つの組み合わせが必要である。技術的行動とは，主に形式知を獲得，貯蔵，検索，配分するのを助ける各種アプリケーションの導入に関する活動である。これには，組織内外で発生するデータを記録，蓄積するナレッジシステムと，知識を伝達，普及するネットワークシステムの構築が考えられる。これらのシステムは，ITの進歩により(動)画像や音声の取り扱いが容易になってきており，暗黙知の共有にも一定の役割を果たすことが期待されている。

　もう1つの社会的行動とは，組織の人々を知識ワーカーに変え，仕事の成果を適切に評価するシステムを導入するとともに，学習する組織を構築して人々

の協働を促し，知識戦略を促進，支援する文化を醸成することである。また，業務プロセスを見直し，人と仕事の連携をうまく図るとともに，その中でITを活用できる仕組みを構築することも必要である。

　ナレッジ・マネジメントは各企業で独自の工夫により推進されているが，企業や産業で共通に取り組まれている内容も多い。それらは大別すると，公式的訓練，知識データベース，ノウフーなどの情報にアクセスし，知識獲得を助ける仕組みと，実践コミュニティや談話室などの効率的な知識交換の場の構築に分けられる。なお，ノウフー (know-who) とは，誰が何を知っているか，経験者や専門家がどこにいるかを特定できる仕組みであり，主に暗黙的な知識について，知識のある人とそれを必要とする人を結びつける。社内専門家の組織化と個人リストの作成，特定の専門家の紹介・問い合わせ窓口の設置などの取り組み例がある。実践コミュニティ (Community of Practice：CoP) とは，特定の分野の知識やスキルを持続的な相互交流を通じて深めていく人々の集団である。ITを活用すれば世界的規模で実践コミュニティを構築することも可能である。

　ナレッジ・マネジメントの実践には，それを推進する人の役割にも注目する必要がある。知識統括役員 (Chief Knowledge Officer：CKO) は，ナレッジ・マネジメントの最高責任者として知識ビジョンと戦略を策定し，ナレッジマネジャーを任命して，質の高いナレッジが組織を流通するように，管理，監督，調整する役割を果たす。ナレッジマネジャーは，組織の人々が知識の創造と交換を効果的に実施するのに必要な動機づけと態度を高める役割を果たす。また，実践コミュニティを始め，知識共有のネットワーク構築を奨励し，知識データベースの拡充を図る。また，組織の人々が持っている専門知識をコンピュータ上に再現する人としてナレッジエンジニアが必要である。ナレッジエンジニアは，従業員に暗黙知を持っていることを気づかせる，暗黙知を形式知に変換するのを手助けするといった重要な役割もある。

コラム

社内SNSを活用したナレッジ・マネジメント[6]

　NTT東日本ビジネスユーザ事業推進本部では，2005年10月より当時まだ一般的ではなかったSNS (Social Networking Service)を社内のコミュニケーション活性化のためにいち早く導入した。3年弱が経過した現在，登録者数は8,300人に達し，地域や世代の壁を超えてさまざまな情報共有・流通の場として活用されている。同社のSNSは「Sati（『気づき』という意味）」と命名され，招待された人は事業推進本部の人に限らずグループ会社の誰でも参加できる。NTTとしてはめずらしく，遊びに使ってもよいということでスタートし，業務に役立つ情報交換に活用される例も増えてきた。Satiの管理人を務める長谷部氏は，その位置づけについて，「つながるきっかけ，つながった人達が継続的につながっていく1つのツール」と語っている。

　一般の多くの企業と同じく，同社でもコミュニケーションツールはイントラネット，グループウェア，社内ポータル，電子メールなど多様な手段があったが，それぞれ役割や利用範囲が限られ，社員同士が自由に双方向で議論できるような場は思いのほか少なかったという。普段，仕事で顔を合わせる社員同士は情報交換の密度が濃いだけに，お互いに知らない情報は少なく，新しい情報は得にくい。Satiで実現する新たなつながりは，新しい情報や知識が得られる「弱いつながりの強さ」がある。社員の知識をデータベース化するプロジェクトは，有益なナレッジを持っている人ほど一般に多忙，見返りが少ない，暗黙知の形式知化が難しいなどの理由で失敗しがちである。このような強制的に知識を出させるアプローチに対して，社員同士がつながる機会や場を提供し，必要な知識を持った人に到達しやすくするアプローチは，今後のナレッジ・マネジメントを考える上において1つのヒントを与えてくれる。

　Satiへの参加は仕事ではなく，義務でもないため，自発的に参加する人々の意識は高く，コミュニティの質は高い。「Satiにアンケートや質問を投げかけると，非常に高い回答率が得られる。社内SNSのこういった使い方は面白いのではないか。」と前出の長谷部氏はいう。もちろん，この前提として，協力し合うという組織文化の醸成，社員の間の信頼関係の構築などが重要になることは言うまでもないことである。

《設問》
① 企業の組織図を調べ，実際の企業が採用している組織形態を明らかにしなさい。なぜその企業はその組織形態を採用しているのか考えてみなさい。
② 携帯電話やノート型パソコンなどの持ち運びできるモバイル機器の導入は組織にどのような影響を与えるか考えてみなさい。
③ ナレッジ・マネジメントにおける対面とITの役割をそれぞれ述べなさい。

《注》
（1） Barnard（訳書）〔1968〕p. 76。
（2） Barnard（訳書）〔1968〕p. 95。
（3） Daft and Lengel〔1986〕はメディアリッチネス理論を提唱し，情報を必要とするタスクと（伝統的）メディアとの間に一種の条件適合的関係が成立すると主張した。
（4） Allen and Scott Morton（訳書）〔1995〕pp. 131-171。
（5） Nonaka and Takeuchi（訳書）〔1996〕p. 29。
（6） 「NTT東日本"日本最大級の社内SNS"で社員の知識を結集！」CIO Online 〈http://www.ciojp.com/contents/?id=00003727;t=26〉（2008. 10. 7），およびNTT東日本ビジネスユーザ事業推進本部企画部ビジネス連携部門マーケティング担当，長谷部潤氏へのインタビュー（2008. 8. 28実施）をもとに作成した。

《参考文献》
Allen, T. J. and M.S.Scott Morton〔1994〕*Information Technology and the Corporation of the 1990s: Research Studies*, Oxford University Press.（訳書，（株）富士総合研究所訳〔1995〕『アメリカ再生の「情報革命」マネジメント』白桃書房。）
Barnard, C. I.〔1938〕*The Function of the Exective*, Harverd University Press.（訳書，山本安次郎・田杉競・飯野春樹訳〔1968〕『新訳経営者の役割』ダイヤモンド社。）
Burns, T. and G. M. Stalker〔1961〕*The Management of Innovation*, Tavistock.
Chandler, Jr. A. D.〔1962〕*Strategy and Structure*, MIT Press.（訳書，有賀裕子訳〔2004〕『組織は戦略に従う』ダイヤモンド社。）
Daft, R. L. and R. H. Lengel〔1986〕"Organizational Information Requirements, Media Richness and Structural Design," *Management Science*, Vol. 32, No. 5, pp. 554-571.

Drucker, P. F.〔1993〕*Post-Capitalist Society*, Harper Business.(訳書，上田惇生・佐々木実智男・田代正美訳〔1993〕『ポスト資本主義社会』ダイヤモンド社。)

Lawrence, P. R. and J. W. Lorsch〔1967〕*Organization and Environment*, Harvard University Press.(訳書，吉田博訳〔1977〕『組織の条件適応理論』産業能率短期大学出版部。)

野中郁次郎〔2002〕「企業の知識ベース理論の構想」組織科学，Vo. 36, No. 1, pp. 4-13。

Nonaka, I. and H. Takeuchi〔1995〕*The Knowledge-Creating Company*, Oxford University Press(訳書，梅本勝博訳〔1996〕『知識創造企業』東洋経済新報社。)

大月博司・高橋正泰〔2003〕『経営組織』学文社。

島田達巳・遠山曉編〔2003〕『情報技術と企業経営』学文社。

十川廣國編著〔2006〕『経営組織論』中央経済社。

Sproull, L. and S. Kiesler〔1992〕*Connections*, MIT Press.(訳書，加藤丈夫訳〔1993〕『コネクションズ―電子ネットワークで変わる社会―』アスキー。)

Walton, R. E.〔1989〕*Up and Running*, Harvard Business School Press.(訳書，高木晴夫訳〔1993〕『システム構築と組織統合』ダイヤモンド社。)

(中村　雅章)

第 6 章

マーケティングとネットワーク

―――本章のまとめ―――
① マーケティングのパラダイムは「刺激-反応パラダイム」から「交換パラダイム」に変遷を遂げてきた。さらにデジタル・ネットワーク化が進展する現代においては,「関係性パラダイム」が注目されている。
② 関係性マーケティングとは顧客などの関係者と長期的な関係性を構築・管理することである。その発展型ともいえるワン・トゥ・ワン・マーケティングは顧客1人ひとりのニーズや嗜好に注目し,満足度を高めるマーケティングであり,顧客との間に長期・継続的に協働する学習関係を構築することが強調されている。しかしながら,その実践においてはいくつもの課題がある。
③ ワン・トゥ・ワン・マーケティングの実践における問題点を克服する新たな関係性マーケティングが情報通信技術(ICT)の積極的な活用により,実施されてきている。

第1節 マーケティングの変遷

　産業革命以降,工業生産力が飛躍的に拡大し,相対的過剰生産のなか売上拡大が困難な状況となった。このため生産者は消費者への限りなき接近のために多大な費用を投入して,広告や販売活動などを積極的に展開し,販売管理の徹底化を志向してきた[1]。このように売り手主体の刺激-反応型マーケティングは展開されてきた。しかし,1980年代に入り,顧客のニーズに注目し,ニー

ズを満たすための価値創出を行ない，対価を得るという交換型マーケティングの重要性が研究者を中心に強く指摘され始めた。

1．マーケティングの定義

マーケティング発祥の国であるアメリカにおける創成期からのマーケティングの変遷をテドロー(Tedlow, R. S.)は，1880年以前・1880年～1950年・1950年以降の3つの段階に分類している[2]。1880年以前，市場は分断されており，少量販売・高マージンの取引が一般的であったが，1920年ごろまでには全国の市場は統一され，大量販売・低マージンの取引が一般化する。1950年ごろからは統一された市場を細分化し，対象とする市場を中心に取引が展開されてきた。

マーケティングを定義することは困難であり，多種多様な定義が存在するなか，アメリカマーケティング協会(American Marketing Association：AMA)の定義が，一般に広く認知されている。AMAのマーケティングの定義は，以下の通り，変遷を遂げてきている。

- 1935年：マーケティングとは，生産地点から消費地点に至る商品やサービスの流れに携わるビジネス活動を含むものである[3]
- 1960年：マーケティングとは，生産者から消費者あるいは利用者に至るまでの商品およびサービスの流れを方向付ける種々のビジネス活動の遂行である[4]
- 1985年：マーケティングとは，個人と組織の目標を達成する交換を創造するため，アイデア・財・サービスの概念形成，価格，プロモーション，流通を計画・実行する過程である[5]

1985年の定義では交換が強調され，マーケティングの実践における要素として，概念形成・価格・プロモーション・流通が取り上げられている。概念形成と流通については商品および販売経路と置き換えることができ，消費者を満足させるために商品(Product)，価格(Price)，プロモーション(Promotion)，販売経路(Place)という4要素(4P)に注力するマーケティング・ミックスの重要性

が指摘されている。こうした変化は市場の成熟化や競争の激化など，1980年代以降の企業を取り巻く環境の変化に影響を受けている。

2．マーケティング・コンセプト

マーケティングのパラダイムに注目すると，売り手主体のプロモーション重視により，顧客を刺激し，反応を獲得するという「刺激-反応パラダイム」から，1980年代を境に買い手主体のマーケティング・ミックス重視により，個人と組織の目標を達成する交換の創造を目指す「交換パラダイム」に変化している（図表6-1）。また，コンセプトにおいては「生産→製品→販売→顧客→社会」と変遷を遂げてきている[6]。さらに技術シーズに基づき，完成させた製品を市場に投入し，販売するというプロダクトアウトから，販売するために顧客のニーズを吸収し，商品化することに重点をおくマーケットインというコンセプトへのシフトも強調された。このようにマーケティングの主体は買い手から売り手へシフトしたと一般に指摘されている。こうしたシフトを情報の側面から捉えると，売り手主体の情報発信から売り手・買い手間の情報の受発信へと移行してきていると捉えることができる。

図表6-1　マーケティング・パラダイムの比較

パラダイム	刺激-反応	交換
時　期	1970年代以前	1980年代以降
主　体	売り手	買い手
取引方向	一方的	双方的
取引思想	統制	適応
買い手の位置	反応者	価値保有者
時間的視角	短期	短・中期
中心課題	プロモーション	マーケティング・ミックス
情　報	売り手主体の情報発信	売り手・買い手間の情報の受発信

出所：嶋口・石井〔2000〕p.15より筆者加筆修正。

第2節　現代の市場環境

1．販売における不確実性の増幅

　買い手においては，成熟化した消費社会を背景とする消費の飽和感が広がり，マスメディアによる情報発信型広告に大きく依存せず，インターネットなどの情報通信技術(Information and Communication Technology：ICT)を活用し，自らが主体的に情報探索を行なう動向が強まってきている。こうした要因により，消費者ニーズの多様化，迅速な変化が強調されてきている。
　売り手においては，規制緩和による多角化や国際化の進展などにより競争が激化してきている。こうした競争への対応として，商品ブランド数を拡大させる戦略を採用する企業が多く，類似商品のさらなる氾濫につながっている。
　買い手と売り手を関連付けて考察すると，現代の市場環境においては，消費者ニーズの多様化や迅速な変化に対応するために商品のバリエーションが増え，増加したバリエーションにより，さらなる消費者ニーズの多様化，迅速な変化が促進されるというスパイラルの関係がみられる。こうしたスパイラルに陥っている現代の市場環境において，販売における不確実性は格段に増幅してきている。

2．消費財取引の変容

　販売における不確実性の増幅に加え，消費財取引の産業財取引化という取引の性格の変容に注目する。取引の性格の変容は，以下の4つに区分される。
① 取引形態の変容：インターネットなどのICTを活用することにより，消費者と生産者が宅配業者の物流システムを利用して，ダイレクトに取引を行なうことが可能となってきている。
② 情報の非対称性の是正：製品の使用に習熟し，主体的な情報収集に積極的

な消費者は，売り手に匹敵するほどの豊富な商品知識を獲得しており，その結果，売り手・買い手間の情報の非対称性が大きく是正されつつある。よって，従来のように，マスメディアを活用した広告・宣伝，人的販売などの伝統的プロモーションだけで，製品に習熟した消費者を説得することは困難になってきている。

③ 消費財の産業財化：これまでもテレビ・冷蔵庫のような耐久消費財においては，一定のアフターサービスが重要視されてきた。しかし，家電における主要なアフターサービスは故障時の修理に限定されており，産業財のような継続的なアフターサービスではなかった。それに対して，パソコン・ソフトウェアなどのICTに関連した商品においては，ネットワークを活用した最新ソフトのアップデートといった継続的取引が増加している。また，プリンタにおいては，カートリッジなどの消耗品補充という産業財的取引が付加されてきている。今後のデジタル家電の普及などに伴ない，こうした傾向は一層強まってくると考えられる。

④ 市場の成熟化：先進国における少子高齢化の進展に伴なう新規顧客の減少によって，今後，代替需要の割合が高まる。その結果，産業財同様，既存顧客との関係性がより重要となる。

　産業財の場合，消費財のように広告・宣伝によって販売を促進することは必ずしも容易ではない。産業財においては，財の基本的品質に加え，取引相手を変更することに伴なうスイッチングコストが発生するためである。消費財取引の産業財取引化とは，消費財取引においても，このようなスイッチングコストが発生することを意味している。

第3節　関係性マーケティング

　販売における不確実性の増幅や消費財取引の産業財取引化といった現象が生じてきている現代の市場環境に対して有効なマーケティングの手法として，関係性マーケティングが注目されている。

1．関係性マーケティングとは

　AMA は関係性マーケティングを「マーケティング環境における顧客，ディストリビューター，サプライヤー，他の関係者と長期的かつ信頼的，もしくはそのどちらかの関係性を開発し，管理することを意識的に達成しようとするマーケティングである」と定義している[7]。関係性マーケティング(relationship marketing)という用語を初めて用いたのは，テキサス A&M 大学の教授であったベリー(Berry, L. L.)である。ベリーは，銀行，飲食店，航空会社，通信会社などをサービス企業と捉え，こうしたサービス企業のマーケティングにおいては，新規顧客の獲得にのみ注力するのではなく，既存顧客の維持についても重視すべきだと主張し，これを関係性マーケティングと定義した[8]。新規顧客を魅了することは，マーケティング・プロセスにおける単なる第 1 段階にすぎず，関係性を固め，無関心な顧客をロイヤルカスタマーに変容させ，顧客をお得意様として取扱うこともマーケティングであると言及している。

　ベリーの指摘以降，関係性マーケティングに関する研究が活発に行なわれた。しかしながら，その範囲はサービスと産業財取引の分野を主とするものであった。こうした取引においては，通常，顧客数が限定されており，フェース・トゥ・フェースを伴なうサービス業務を確実に実行することによって，意識的に関係性構築を図らずとも関係性が深まる。また，売り手企業の変更がスイッチングコストの上昇につながることも少なくなく，取引が長期化する傾向が生まれる。よって対消費者サービスや産業財においては，通常の取引のなかに関係性を構築・維持・発展させるという特性が内包されているといえる。それに対して，通常の消費財取引においては，対象となる消費者の数がきわめて多く，また各個人の嗜好により意思決定が行なわれる。つまり，消費財における消費者との関係性構築・維持・発展には，対消費者サービスや産業財とは異なる困難さが存在している。

2. ワン・トゥ・ワン・マーケティングの台頭と限界

　1995年，急速に普及してきたインターネットを代表とするICTの活用を強く意識した，ワン・トゥ・ワン・マーケティングがパイン(Pine, II B. J.)らにより提唱された。ワン・トゥ・ワン・マーケティングでは，ICTの双方向コミュニケーション技術とデータベースによって，顧客1人ひとりのニーズや嗜好に関する膨大な量のデータを蓄積し，ICTとフレキシブル生産システムを活用してカスタマイズされた商品やサービスを効率的に提供し，顧客との間に長期・継続的に協働する学習関係を構築していくことが強調されている[9]。学習関係構築のメリットとして，顧客のニーズを蓄積することが可能となり，顧客が望むものを提供できるようになると指摘している。また，学習関係を構築していない企業は，学習関係にある企業がすでに熟知している情報を新たに聞き出さなければならず，それに費やされる時間とエネルギーは膨大であり，学習関係の構築は競争優位性を創出し，顧客の囲い込みに大きく貢献すると指摘している。こうしたワン・トゥ・ワン・マーケティングは，関係性という概念を学習関係に発展させたと捉えることができる。マス・マーケティングにおいては調査データなどの予測に基づきマーケティングを実行していたが，ワン・トゥ・ワン・マーケティングでは各顧客との直接的な対話および詳細なフィードバックを実施し，各顧客にとって最良の商品やサービスを発見できる点にも注目している。

　多くの企業において，消費者を対象とする関係性マーケティングが注目されるようになったのは，ワン・トゥ・ワン・マーケティングによるといっても過言ではない。各社とも，顧客を選別し，差別化したサービスの展開により，顧客との関係性の構築・維持に全力で取り組み始めた。しかしながら，実践においては，単なるダイレクトメールの送付，度重なる会員への勧誘などにとどまる傾向が強い。つまり，売り手が要求するだけの一方通行の場合が多く，また優良顧客に対する差別化されたサービスは，優遇されていない顧客に大きな嫌悪感をもたらし，顧客を引き付けるどころか，逆に遠ざける場合も少なくはな

かった。とりわけ，ワン・トゥ・ワン・マーケティングの重要なコンセプトである現時点における優良顧客を特定化し，差別化することは短期的視点の重視となり，本来，長期的視点を重視すべき関係性マーケティングにおいて重大な自己矛盾を招いている。

第4節　ICTを活用した関係性マーケティングの実際

　2000年代に入り，政府の積極的関与のもと，デジタル・ネットワークが一般の消費者をも含む社会全体に広く普及してきた。こうした背景のもと，インターネットの企業への導入についても，そのコストの低さにより規模や業種の枠を超え，活発に行なわれた。また，2005年末時点ですでにインターネット利用者は8,500万人を超え，携帯電話においては9,000万台を突破し，そのうち7,800万台はインターネットに対応している[10]。このように，現代の日本の高度情報通信社会においては，消費者を含め日本中がデジタル・ネットワークでつながるインフラが整備されているといっても過言ではない状況に至っている。こうした環境でのICT活用により，ワン・トゥ・ワン・マーケティングの実践における問題点を克服する新たな施策の展開が期待される。以下，現代におけるICTを活用したマーケティングの事例について分析していく。

1．オンライン・コミュニティ

　急速に進展してきているインターネット上における電子商取引であるeコマースに，現在，多くの企業は注目しているものの，その話題性とは裏腹にインターネット上における仮想店舗が開業早々，廃業に追い込まれるケースが後をたたない。こうした状況を背景に，やはりインターネット上での購買であるオンライン・ショッピングは一般化しないのではないか，またリアルの世界で強固なブランドを確立しているなど，eコマースで成功する企業は非常に限られるのではないか，というeコマース悲観論も数多く聞こえてくる。しかし，

オンライン・ショッピングでの時間や金額などの購買投入物は，リアル店舗での購買に比べ格段に低く，今後のインターネットのさらなる浸透などを考慮すると，オンライン・ショッピング拡大の可能性を簡単に否定することは時期尚早である。

　仮想店舗を成功させるには，まず消費者からサイトへのアクセスを得なければならない。アクセスの獲得に有効であると注目されている手法の１つに仮想店舗におけるオンライン・コミュニティの構築がある。オンライン・コミュニティについて，グランサム（Grantham, C.）は，「人間同士の交流を通じた価値創造をネットワークが支援すること」と定義している[11]。現代の消費者は一般の評判に依存する傾向が強く，オンライン・コミュニティは今後，企業のマーケティング戦略に大きな影響をもたらすと考えられる。こうした状況は，従来から存在する口コミがインターネットにより強化されたとも捉えられる。

　アマゾン・ドット・コム（Amazon.com）は世界最大の書籍を扱う仮想店舗であり，ワンクリックで決済が完了する仕組みや消費者の過去の購買履歴に基づく本の推奨，消費者ごとにカスタマイズされたウェブサイトなど，多くの有益な取り組みを展開しているが，とりわけオンライン・コミュニティの構築は興味深い。アマゾン・ドット・コムは読者への書評の募集および掲載に重点を置き，これらの書評に対して他の消費者が評価できる仕組みとし，評価の高かった書評を書いた人は表彰され，掲載される。この仕組みは中傷などの問題を生んだが，広告とは異なり販売促進を目的とはしておらず，その意味では公平な情報であり，消費者にとっては有益な参考情報となり得る。また，書評の数とそれに対する評価者の数の多さをみる限り，ロイヤリティの獲得，関係性の構築に貢献していると考えられる。さらに，こうしたオンライン・コミュニティにおける情報収集はマーチャンダイジングにも有効であろう。しかしながら，オンライン・コミュニティにおける口コミは広範囲に，しかも迅速に広がるため，負の方向に進展した場合のリスクも検討しておく必要がある。

2．ICカード

　カード事業の成功事例として，消費者との関係性構築を主たる目的としたFFP（Frequent Flyers Program）やFSP（Frequent Shoppers Program）などが，一般によく取り上げられている。FFPは1980年代のアメリカにおいて，低価格を強く訴求する新規参入の航空会社に対抗し，幅広い路線網を保有する既存の航空会社が考案したカード事業である。一般にはマイレージカードによるマイレージプログラムとして広く知られている。FSPは家電量販店，レストランなどが積極的に採用しているポイントカード発行によるカード事業である。

　FFPは通常，空席の活用により対応可能なため，管理コスト以外の負担は比較的小さいものの，各社のサービス内容は，ほとんど同質なため，他者よりも優位性のあるサービスになるとは考えがたい。またポイントカードによるサービスは，事実上，割引のサービスであり，他に魅力的なサービスを付加することができなければ，単なる価格競争に陥ってしまう危険性がある。さらに，こうしたカードは氾濫しているため，消費者に利用してもらう以前に，普及すらままならない事態に陥るケースが少なくない。

　こうした状況に対して，駒ヶ根商店街が展開している「つれてってコミュニティーカード」は，商店街単体ではなく，赤穂信用金庫：資金決済，駒ヶ根市役所：行政支援，駒ヶ根商工会議所：運営補助など，地域の他の組織とのアライアンスにより運営されている。その結果，商店街における単なる割引のためのポイントカードではなく，市役所，病院，文化施設，交通機関での決済も行なうことができ，また行政系サービスカードとして電子福祉チケットサービス（介護用品チケット，入浴チケットなど）の管理ツールとしても活用できる。さらに，今後，エコマネーの管理ツールとしての活用も検討されている。地域における幅広いサービスに対応したカードとなったことが功を奏し，対象となる地域人口6万人に対し，カード発行枚数は2万4千枚，保有率40％となっている。このように「つれてってコミュニティーカード」は消費者，地方自治体，金融機関，商工会議所など，関わった者すべての商店街へのロイヤリティを高

めた。とりわけ幅広いサービスを享受している消費者の商店街へのロイヤリティは向上した。しかしながら，消費者との関係性構築に注目すれば，ICカードの活用により，消費者の身元が明確化し，購買行動に関する情報収集が可能となったものの，未だ消費者との豊富な情報交換の段階には至っていない。

3．コールセンター

近年，多くの企業が注目している顧客関係性管理（Customer Relationship Management：CRM）という関係性マーケティングと関連する手法において，コールセンターの役割が重要視されている。CRMについて，ダウリング（Dowling, G.）は，顧客の情報収集，データベース構築，データマイニングを実施しながら，顧客ニーズへの適切な対応，顧客満足度の格段の向上を実践することにより関係性を構築し，顧客一人当たりからの収入の向上，ブランド強化，価格への意識の低下を実現させる手法と指摘している[12]。また，CRMの実践にはコールセンター，ウェブサイト，顧客サービス，サポートチーム，ロイヤリティプログラムなどが，主たるシステムになると言及している。

コールセンターが実施しているサービスは，インバウンドとアウトバウンドの大きく2つに分類できる。インバウンドでは受信を主とした顧客への対応を行なう。業務内容は注文受付，テクニカルヘルプデスク，消費者相談窓口，販売店サポートなどである。こうしたサービスは短期的に利益をもたらすものではないが，高品質なものが提供できれば顧客満足度の向上となり，顧客の維持に大きく貢献する。従来はクレームを処理するという意識が強かったが，顧客の要望を把握し，次の製品開発に活かすためのチャネルとしての役割も期待されている。

アウトバウンドでは発信を主とした顧客への依頼を行なう。業務内容は見込み客発掘，ダイレクト販売，セールスマン支援，サンキューコールなどである。こうしたサービスは利益に直結するものであり，通常，店舗や相手先にて対面で行なわれている，いわゆる営業という業務に該当する。核家族化や共稼ぎ世帯の急増などの社会変化，ニーズの多様化，人的つながりよりも価格や機

能といった製品自体に重点をおく消費者の増加，会社への忠誠心の希薄化がもたらす営業スタッフの意欲の低下などにより，一般的なスタイルの営業では成果を上げることが困難となり，コールセンターにおける効率的な営業に多くの企業は注目している。

　こうした優位性を保有するコールセンターは，1990年代後半以降，コンピュータと電話機能を統合化させたシステムである CTI (Computer Telephony Integration)の活用により，さらに効率的な営業が可能となってきている。営業プロセスごとに一般的な営業スタイルと比較すると，見込み顧客の開拓においてはプレディクティブ・ダイヤラーという先行自動発信機能によりダイヤルする手間が省け，また商談についても従来は管理困難なプロセスであったが，ボイス・ロギング・システムという通話録音機能やモニタリングにより管理が可能となった。またアフターフォローにおいても従来，営業マン個人に囲い込まれていた情報をデータベース化し，全社的に共有することにより，容易に実施できるようになった。顧客や営業マンの満足度など，効果の面では議論の余地があるものの，少なくとも効率を飛躍的に向上させ，管理領域を拡大させた CTI の貢献は大きい。しかしながら，まず従来の営業プロセスの分析・再構築・体系化を行ない，その体系化された営業プロセスを CTI システムに反映させなければ大きな効果は期待できない。

4．消費者参加型製品開発

　インターネットを活用した消費者参加型の製品開発は「たのみこむ」(1999年開始)や「空想生活」(2000年開始)などのサイトの立上げから本格化してきたと考えられる。これらのサイトにおいては，インターネットの双方向性に着目し，消費者が製品化を希望するアイデアの募集や売り手が販売を計画している製品に対する消費者の購買の可能性などを確認した上で，製品化および販売が行なわれている。

　従来，製品開発と消費者購買行動は，売り手が開発した製品を市場に投入し，プロモーションした後に消費者購買行動が始動するという完全に分断した

関係であった。しかし，インターネットを活用した消費者参加型の製品開発においては，アイデア創出こそ売り手先行で実施される事例が多いものの，それ以降のプロセスにおいては消費者の購買前行動と一体化し，情報が緊密に交換されている。さらに，リコーエレメックスやヤマハなどは，製品開発プロセスに新たに「購買後の消費者の情報収集」を追加しており，購買後行動ともリンクするようになっている。こうした変化は，製品開発と消費者購買行動が統合化されたことを意味し，消費者との関係性構築に有効であると考えられる。

さらに，この製品開発手法においては低コスト化や迅速性が実現しており，よってインターネットを活用した消費者参加型の製品開発とは，「幅広い製品開発プロセスに多数の消費者を参加させ，高密度なダイレクト・コミュニケーションをオープン，低コスト，短期間にて行なう活動」と定義することができる。メリットとしては，「非購買者の情報収集」「深層的消費者ニーズへの接近」「製品完成度の向上」「独創的な製品の開発」「ロイヤリティの向上」「自らが主体となった情報収集」「ニーズ志向のシステマティックな製品開発プロセスの実現」「製品開発における消費者情報収集の強化」などが挙げられ，さらに消費者情報を全社的に共有することで全社的な消費者志向経営の実現にも貢献すると考えられる。一方，デメリットとしては「コンペティターによる模倣」「アイデアの権利の帰属先」「フォローする組織体制」などが挙げられる。

5．携帯インターネット

　iモードに代表される携帯電話によるインターネットは日本において広く普及している。しかしながら，携帯インターネット・コマースの今後の発展の可能性に関して，着メロなど携帯電話に関連する商品やチケットの購入など決済型の商品という非常に限られた範囲での購買手段に過ぎないなど，懐疑的な意見が多い。確かに，一般の商品の購買において，決済までのすべてを完結させる場としての役割を負わせることは困難であるかもしれない。しかし，携帯インターネットの携帯性や操作の容易性などは，消費者の購買行動に大きな影響を与えると考えられ，携帯インターネット上における市場の可能性，つまり単

に「購買の場」としてのみ捉えるのではなく,「広告媒体」および「関係性構築のツール」といったマーケティングの活用にまで範囲を広げて考察すべきである。

「広告媒体」については,携帯インターネットの携帯性という特性を活用したタイムリーな広告が実践でき,購入直前に接触した広告が「ニーズ知覚」「情報探索行動」「選択行動」「商品・サービスの入手」といった行動を喚起し,購買行動に影響を与えるというリーセンシー効果を最大化させることが可能となる。さらに学生や会社員などに対するテレビや新聞といったマスメディアを活用した広告においては,朝・夜の2～3時間しか接触のタイミングがなかったが,携帯インターネットを媒体とする広告では,たとえば昼休みにおける接触も可能となる。事実,iモードのアクセス状況を見てみると,昼休みの時間帯は20:00～23:00の時間帯に次いで多くアクセスされている[13]。こうした特性を利用し,夜のテレビや夕刊といったマスメディアによる広告の告知を昼間に携帯インターネット広告で行なうというマスメディア広告とのメディアミックスも有効である。また,電子メールを活用したメール広告は,パソコン以上の精度でメッセージ受信者を特定できるといったパーソナル性に優れており,より効果的なカスタマイズを施した広告が可能となる。

また,関係性構築のツールについては,多くの企業が携帯インターネットを活用した消費者との関係性構築に取り組み始めている状況である。その一例として,「グーパス」が挙げられる。「グーパス」とは,定期券で自動改札機を通過した直後に,行き先周辺の情報を携帯電話にメール配信するサービスである[14]。駅や電車内などにおける移動時間を消費者とのコミュニケーションに有効な時間であると捉え,消費者の行き先,属性,嗜好に関連した情報の提供をオムロンが出版社である「ぴあ」と提携し,東京急行電鉄の協力を得て実施している。具体的には,朝2回と夕方2回の計4回,消費者向けにカスタマイズされた情報が日替わりで提供されている。「グーパス」に関わる三者のメリットとして,まず消費者は場所(駅)・時間・趣味・嗜好に合致したコンテンツを読みやすい「すきま時間」に読むことができ,自分の生活エリアで使える割引クーポンやポイントが付加されたコンテンツを受け取ることが可能となる。

コラム

中小企業におけるインターネットを活用した消費者参加型製品開発：豆太の事例

　豆太は札幌市に拠点を置き，高級豆腐の製造販売を主とする中小食品メーカーであり，新製品の開発に積極的に取り組んでいる。すでに販売を開始しているものとして，豆腐ドーナツや豆腐アイスクリームなどがある。また，北海道立食品加工研究センターとのアライアンスにより，発酵豆乳製品（豆乳ヨーグルト）の開発に成功した。この製品は，北海道立食品加工研究センターが開発した菌「北海道」と豆太の豆乳を主成分として製造されている。こうした発酵豆乳製品は，一般にはあまり普及していない新規性の高い商品であり，テイスト，価格，ネーミングなどにおいて，従来の新製品とは比較にならないほど，不確実性が高い。これまで資金的・人的リソースを十分に持ち合わせていなかった豆太における新製品開発では，社長の人的ネットワークを活用した情報収集に基づき，製品のアイデアを創出していた。価格，包装，ネーミングなどのマーケティングは，社長の勘に大きく依存してきた。しかしながら，発酵豆乳製品という不確実性が圧倒的に高い商品において，社長は市場の声を聞く必要性を強く感じたものの，マーケティング・リサーチをエージェントに委託するにはコストが高すぎる。こうした状況において，インターネットを活用した消費者参加型製品開発に着手した。製品開発システムの骨組みは，社長と筆者で構想し，実際のシステム構築と運営は札幌市のシステム企業である徳川システムに委託した。また，システムの構想においては，単なる消費者ニーズの収集にとどまるのではなく，消費者へのプロモーションや消費者との関係性構築にも有効に機能することを視野に入れた。

　結果，製品開発への参加者は107名にも及んだ。参加者の中心層は女性で20～30代の会社員や主婦であった。また，消費者参加型製品開発への意識に関するアンケート調査も同時に実行した。その結果，「製品開発への参加に楽しさを感じる」に対して86％，「開発された商品に対して愛着や関心が高まる」に対して96％が肯定的な回答をしている。とりわけ開発された商品への関与度が高いことは注目すべきポイントである。

　次に広告掲載企業においては，消費者の属性・嗜好・場所・時間に合わせたコンテンツ提供により，高いリーチ率と精読率が期待できる。鉄道事業者にとっては，運賃以外の新たな収入源の確保，旅客サービスの向上，沿線の活性化な

どを図ることができる。このように消費者と密接に関連したコンテンツを携帯インターネットの特性を活かし，消費者が好意的に受けとめることができる毎日の「すきま時間」に提供する試みは，短期的な広告戦略の域を超え，顧客との関係性構築に大きく貢献すると期待されている。

携帯インターネットによる消費者との関係性構築への取り組みは，未だ実験段階ではあるものの，携帯インターネットの特定性や携帯性などを最大限に活用し，モバイル会員システムなどを整備することにより，消費者を組織化し，カスタマイズしたサービスを提供する試みが積極的に展開されている。

6. 小　括

ICTを活用した消費者との関係性構築手法は，現在のところ，概ね情報収集の段階にとどまっている。しかし，消費者参加型製品開発のように，消費者との協業による価値創出に成功している事例もあり，萌芽的要素がみえてきている。

消費者ニーズの多様化，コンペティターの増加といった傾向は今後さらに加速し，企業を取り巻く環境はますます厳しくなってくると予想される。一方，ICTの高度化・広範囲化，幅広い消費者のICTリテラシー向上など，社会におけるICTの重要性が高まってくることは明らかであり，ICTを活用した消費者との関係性構築は多くの企業にとってますます重要な取り組みとなってくるであろう。

《設問》
① マーケティングのパラダイムの変遷およびその背景について述べなさい。
② ワン・トゥ・ワン・マーケティングの実践における問題点について述べなさい。
③ 企業はマーケティングにICTをどのように活用しているのか，またその問題点について述べなさい。

《注》
（1）　上原〔2002〕pp. 5-15。

（ 2 ） Tedlow〔1990〕p. 8.
（ 3 ） The national association of marketing teachers〔1935〕p. 156.
（ 4 ） American Marketing Association（訳書）〔1963〕p. 37。
（ 5 ） American Marketing Association〔1985〕p. 1.
（ 6 ） Kotler〔1997〕pp. 17-29.
（ 7 ） Bennette〔1995〕p. 242.
（ 8 ） Berry〔1983〕pp. 25-38.
（ 9 ） Pine, et al.〔1995〕pp. 103-114.
（10） 電気通信事業者協会ホームページ〈http://www.tca.or.jp/database/index.html〉(2008. 9. 10)。
（11） Grantham（訳書）〔2001〕p. 4。
（12） Dowling〔2002〕pp. 87-89.
（13） D2コミュニケーションズ〔2001〕pp. 56-57。
（14） インプレス〔2002〕pp. 10-12。

《参考文献》

American Marketing Association〔1960〕, *Marketing Definitions: A glossary of marketing terms.*（訳書，日本マーケティング協会訳〔1963〕『マーケティング定義集』日本マーケティング協会。）

American Marketing Association〔1985〕, *Marketing News*, Vol. 19, No. 5.

Bennette, P. D. ed.〔1995〕, *Dictionary of Marketing Terms*, American Marketing Association.

Berry, L. L.〔1983〕, "Relationship Marketing", in Berry, L. L., Shostack, G. L. and Upah, G. D. eds., *Emerging Perspectives on Service Marketing*, American Marketing Association, pp. 25-38.

Dowling, G.〔2002〕, "Customer Relationship Management: In B2C Markets, Often Less is More", *California Management Review*, Vol. 44, No. 3, pp. 87-104.

D2コミュニケーションズ〔2001〕『iモード・マーケティング＆広告』東洋経済新報社。

Grantham, C.〔2000〕, *The Future of Work : the promise of the new digital work society*, McGraw-Hill.（訳書，大浦勇三訳〔2001〕『eコミュニティがビジネスを変える』東洋経済新報社。）

インプレス〔2002〕『Impress』Vol. 69。

Kotler, P.〔1997〕, *Marketing Management : Analysis, Planning Implementation, and*

Control (ninth edition)*, Pearson Prentice Hall.

Pine, Ⅱ. B. J., Peppers, D. and Rogers, M. 〔1995〕, "Do You Keep to Your Customers Forever?", *Harvard Business Review*, Mar-Apr, pp. 103-114.

嶋口充輝・石井淳蔵〔2000〕『現代マーケティング新版』有斐閣。

Tedlow, R. S. 〔1990〕, *New and Improved: The story of Mass Marketing in America*, Basics Books.

The national association of marketing teachers 〔1935〕, "Report of committees definition of marketing terms", *The National Marketing Review*, Vol. 1, No. 2, pp. 148-166.

上原征彦〔2002〕「情報化とマーケティングの進化」『経営情報学会誌』Vol. 11, No. 3, pp. 5-15。

（大﨑　孝徳）

第 7 章

製品開発とネットワーク

―本章のまとめ――
① 製品開発は製造業の基本活動の1つである。消費者の嗜好が多様化し,製品のライフサイクルが短くなっている今日,商品力のある製品を効率的かつ短期間に市場投入できる製品開発力が求められている。製品開発力の条件として,製品開発のプロセスと組織が重要である。
② 製品開発の競争優位を実現する手法としてコンカレント・エンジニアリングがある。これは,製品開発のプロセスを並行化させることにより,製品の品質,コスト,開発期間を抜本的に改善しようというものである。コンカレント・エンジニアリングを実現・支援するために,情報技術は不可欠なものとなっている。
③ 1990年代,産業界においてコンカレント・エンジニアリングは大きく進展した。自動車産業では,情報技術が製品開発のプロセスや組織を変化させ,製品開発力を飛躍的に高めていった。

第1節 製品開発の概要

1. 製品開発と企業間競争

製造業の基本的な活動は,新しく開発した製品を工場で生産して販売することである。とくに,製品開発は企業の競争力と成長力の源泉である。画期的な新製品は企業の売り上げや利益を増大させるばかりではなく,時として業界に

おける企業の地位を逆転させたり、製品開発に失敗した企業を業界から退出させたりする。たとえば、アップル社はiPodによって音楽の新しい楽しみ方を切り開くことによって携帯型音楽プレイヤー市場を席巻したし、パソコン用基本ソフト(OS)の開発でマイクロソフトに敗れたIBMはパソコンのOS事業から撤退した。

　企業は製品を通してどれだけ高い価値を顧客に提供できるかで競争している。しかし、競争の焦点は時代とともに大きく変化している。1950年代に始まる高度成長期には、コストと品質が競争の焦点であった。増え続ける需要を背景として、大量生産によるコストダウンを図るとともに、欧米企業に比べて見劣りする製品の品質を向上させることが、日本企業の課題であった。1980年代の低成長時代に入ると、消費者は人と違う個性的な製品を求めるようになり、個々の消費者ニーズに対応した製品の多品種多様化が競争の焦点となった。たとえば、資生堂は、1980年に1,200点であった商品アイテム数を1990年には3,000点に増やしている。1980年代後半から顕著になってきた傾向は、製品寿命の短命化と、新しい技術とコンセプトを持つ製品の矢継ぎ早の市場投入である。清涼飲料水は年間1,000点以上の新製品が発売されているが、コンビニなどの陳列棚のスペースは限られているために、多くが消費者の目に触れることもなく消えていく。たとえ陳列されても数日間売れなければ店頭から撤去される。また、1980年代、乗用車の主流はセダンであったが、1990年代には、RV (Recreational Vehicle)やコンパクトカーなど、新しいコンセプトの車が次々と開発され、需要の中心は大きくシフトした。今や、新製品の早期市場投入のための開発期間短縮が、製品開発における競争の焦点になっている。これは、高度成長期のようなコストや品質が意味を持たなくなったということではなく、これらに加えて多品種多様化と開発期間短縮という多くの次元で競争するようになったことを意味している。

２．製品開発システムと競争優位

　企業は製品開発競争を２つのレベルにおいて繰り広げている。１つは製品の

レベルであり、もう1つはシステムのレベルである。製品レベルでの競争とは、どのような製品を開発するかということであり、性能や価格など製品のもつ特性によって他社との差異化を図ることである。これに対して、システム・レベルでの競争とは、どのように製品を開発するかということであり、製品を開発するための仕組み(製品開発システム)によって他社との差異化を図ることである。競争優位の製品開発システムを構築することに成功した企業は、高い製品開発能力を持つこととなり、競争力のある製品を短期間に市場投入することができるようになる。一般に、製品開発システムの優位性は、製品品質(商品力)、開発生産性(開発コスト)、開発期間の3つの指標によって評価される。

今日の工業製品は、多くの人々の協業により開発される。たとえば、自動車は数万点の部品から構成されており、製品開発は数百人の組織活動によって行なわれる。人々が共通の目標に向かって協業するには、どのようなプロセスで製品開発を行なうのか、どのように業務を分担(分業)するのか、どのように業務を相互に調整して1つの製品に統合していくのか、ということが問題になる。製品開発活動の分業と調整・統合のあり方は、製品開発の成否を左右するのであり、製品開発のプロセス・組織・マネジメントをどのようにデザインするかによって決まる。プロセス・組織・マネジメントの総体が製品開発システムにほかならない。

第2節　製品開発のプロセスと組織

1．製品開発プロセス

製品開発は顧客価値を創造するプロセスであり、顧客価値を実現する製品コンセプトを設定して、それを具体化する製品の物理的な構造と製造方法を決定するプロセスでもある。このようなプロセスを構成する業務は、大きく「製品企画」「製品設計」「生産準備」の3つに分けることができる。

（1） 製品企画

製品開発はどのような製品を開発するかを決めることから始まる。これが製品企画であり，製品コンセプトを設定し，それを実現する製品の機能と基本構造を決定する。ソニーが2002年2月に発売したデスクトップ・パソコン「バイオW」の製品コンセプトは，「AV（Audio Visual）クライアント」である。これは，パソコンとしての機能ではなく，従来のAV機器では実現できなかった新しいAV環境を顧客に提供することを狙ったものである。そのために，パソコンやインターネットなどの情報技術機能と，テレビ受信やHDD（Hard Disk Drive）録画などのAV機能を融合させた製品を開発することが決定され，それまでのバイオシリーズとは異なるデザインと15.3インチのワイド型液晶ディスプレイが採用された。また，価格は15万円台であるが，これはパソコンではなくAV機器として価格設定された結果である。このように，製品企画では，製品のコンセプト，機能，基本構造，価格を決定すると同時に，製造するための設備投資や販売量を計画し，収益性を検討する。

（2） 製品設計

製品設計では，製造の容易性や環境負荷の低減などを考慮しながら，製品企画で設定された製品の機能とコストを実現するように，製品の物理構造を詳細に設計する。設計がある程度具体化した段階で，試作と実験が行なわれ，製品の目標機能やコストが達成できているかどうかや，工場でうまく製造できるかどうかなどを検証する。自動車の製品設計では，数十台の試作車が作られ，性能や衝突安全性などが確認される。試作車は，1台5,000万円くらいといわれており，試作・実験は多額の投資と多くの時間を必要とする。

製品の諸目標が達成されるまで，設計・試作・実験が繰り返される。このようにして決定された製品の物理構造の情報は，図面に表現され，生産準備部門や製造部門，部品メーカーなどに伝達される。図面には，製品を構成する機構や部品の形状，寸法，公差（最大寸法と最小寸法の差），材質，構成（部品の親子関係）などが記載される。

（3） 生産準備

生産準備では，製品設計によって決まった製品の物理構造を受けて，工場で生産するための工程・設備・治工具などを設計・製作する。具体的には，製造工程を検討する工程設計，工程ごとの作業手順を検討して作業マニュアルや工作機械のNC（Numerical Control；数値制御）プログラムなどを作成する作業設計，機械設備・治工具・金型の設計・製作がある。

生産準備が終わると，量産に向けた製造工程の最終チェックが行なわれる。これは量産試作と呼ばれることもあり，製品設計段階の機能確認を目的とした試作とは区別される。量産試作によって製品設計に起因する製造上の問題が発見されると，設計部門に製品設計を見直すように設計変更が要請される。

2．製品開発組織

通常，製品開発部門は，製品企画，製品設計，生産準備などの業務（職能）別に編成されることが多い。これは，各部門が特定の業務に専門化することにより，その業務を遂行するのに必要な技術や知識を開発しやすくなるからである。一方，製品を開発するときには，各部門が保有する技術や知識を統合することによって1つの製品にまとめていく必要がある。統合の過程で問題になるのは，どのように部門間を調整するかということである。たとえば，デザインを重視した製品は，構造を設計するのが難しかったり，製造コストが高くなったりする。この場合には，デザイン，設計，製造の各部門間の調整が必要になる。

以上のように，製品開発の組織は「専門化」と「調整・統合」の2つの観点から設計されるが，いずれを重視するかによって，職能別組織，プロジェクト組織，マトリックス組織などの組織形態が存在する。

① 職能別組織

最も「専門化」を重視した組織形態である。部門間の調整・統合は，上下の指揮命令系統や部門間のミーティングなどによって行なわれる。

② プロジェクト組織

最も「調整・統合」を重視した組織形態であり，職能別組織から人材を集め，特定の製品を開発する部門横断的なプロジェクト・チームを編成したものである。調整・統合の責任は，プロジェクトごとに任命されたプロジェクト・マネジャーが持つ。

③ マトリックス組織

職能別組織とプロジェクト組織の中間的な組織形態である。職能別組織とは異なりプロジェクト・チームは編成されるが，チーム・メンバーが職能別組織に所属したままプロジェクトに参加するところがプロジェクト組織とも異なる。チーム・メンバーにすると，職能別組織の上司とプロジェクト・マネジャーの2つの指揮命令系統が存在することになるので，系統間の混乱が起きないように注意しなければならない。

第3節　製品開発のマネジメント

1．コンカレント・エンジニアリング

1980年代，アメリカでは，日本から自動車やエレクトロニクス製品などの輸入が増大し，製造業の衰退が著しかった。そこで，製造業衰退の原因と復活の道を探るべく，日米欧の企業が比較研究された。その結果，アメリカの企業における製品開発の問題として，部門間の協調体制の欠如が指摘された。製品設計者は製品の機能面だけを考えて設計し，でき上がった図面を製造部門に塀越しに投げ渡す。生産担当者は問題に行き当たった場合，塀越しに製品設計担当者に投げ返してみるが，設計者はすでに他の仕事に移っているといった具合であった[1]。それに対して，日本では，大部屋方式という言葉に代表されるように，いろいろな部門の人達が一緒になって開発を行なっていた。日本の製品開発スタイルは，過去の経験をもとに試行錯誤的に改善を積み重ねることによってできたものであったが，全体としては非常に効率的であった。

1982年，アメリカ国防省の研究機関DARPA（Defense Advanced Research Project Agency；防衛先端研究プロジェクト推進局）が設計プロセスにおける同時性に関する研究を開始した。そして，1986年のIDA（Institute for Defense Analysis）報告書R-338のなかで，コンカレント・エンジニアリング（Concurrent Engineering：CE）という言葉が初めて使われた[2]。

一般に，製品コストは設計段階で70％，生産準備段階で80％以上が決まるといわれており，製造段階でコストダウンを検討しても限界がある。このように製品の品質やコストなどは製品設計までの段階で大半が決まってしまうので，製品開発の早い段階で，製品設計者や生産技術者，製造技術者が一緒になって，製品と製造プロセスを同時に設計することにより，製品品質と開発生産性の向上および開発期間の短縮を実現しようというのが，CEの考え方である。日本の製品開発スタイルが経験的なものであったのに対して，理論的かつシステマティックに進めようとするところに特徴がある。

図表7-1　フロント・ローディングによる開発工数の変化

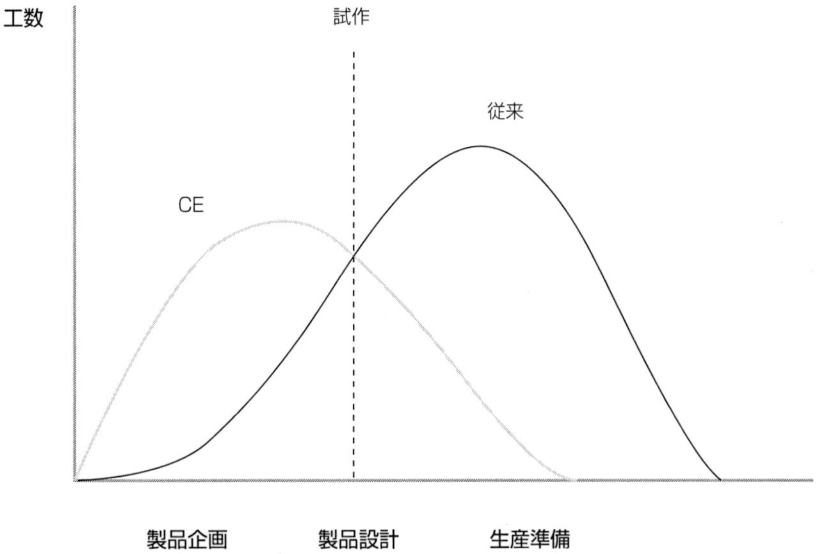

出所：筆者作成。

CEを進めていくと，開発工数は図表7-1のように変化する。製品開発の早い段階で製品設計や生産準備，製造などの技術者が一緒になって開発を行なうので，この段階の工数は増えるものの，生産準備や製造の段階の工数は大幅に減少する。これは，生産準備や製造段階で，工場の現有設備では作れないとか作業性が悪いというような設計に起因する問題が発見されると，設計ばかりではなく生産準備もやり直さなければならず多くの時間と工数が必要になるが，CEによってこれらの問題が早期に発見され，解決されるからである。このように，製造性や保守性など，従来は生産準備段階などの下流工程で検討されていたことを開発の源流段階で考慮することは，フロント・ローディングと呼ばれる。

2．プロセス間の調整

CEを推進する上で重要なことは，製品企画や製品設計，生産準備のプロセスをどのように並行化し調整するかということである。製品開発プロセス間の調整のパターンは，図表7-2に示すように3つに分類することができる。こ

図表7-2　プロセス調整のパターン

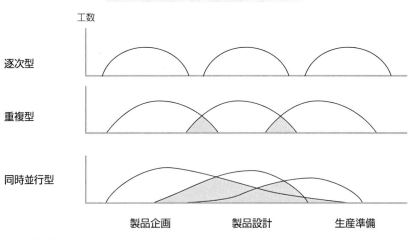

出所：筆者作成。

れらのパターンは，製品企画，製品設計，生産準備の間だけではなく，同じ製品設計のなかにあっても，機械設計と電気回路設計の間や異なる機構設計の間にもみることができる。CEは，伝統的な逐次型の製品開発を重複型や同時並行型へ変えようとするものである。

(1) 逐 次 型

製品開発プロセスはいくつかの段階に分けられ，市場投入に向かって直線的，逐次的に進められる。段階ごとに問題を解決していくために開発リスクが低く，画期的な新技術の開発を必要とするような製品開発に適しているとされる。製品開発期間が長くなる欠点がある。

(2) 重 複 型

基本的には逐次型に類似しているが，隣接する段階がオーバーラップ(重複)している点が異なる。オーバーラップによって段階間の中断がなくなり，開発期間が短縮される。しかし，前の段階が完了する前に次の段階が開始されるので，未完成の情報をもとに開発を進めたことによって，後からやり直さなければいけないというようなリスクが発生する可能性がある。

(3) 同時並行型

開発の各段階が並行的，同時的に進められる。段階間では緊密な情報共有が行なわれ，相互に協調しながら開発を進めていく。過去に類似製品を開発している場合や，市場ニーズを反映した開発目標が明確になっている製品開発に適しているとされる。

第4節 製品開発を支援する情報技術

1．CADからコンカレント・エンジニアリングへ

　今日の多くの工業製品は，CAD（Computer Aided Design）を用いて設計されている。CADの特徴は図形処理機能と対話型処理機能にあり，設計者がコンピュータと対話しながら製品を設計することを可能とする。以前は，設計者は製図板に向かって定規とコンパスを使いながら図面を作っていたが，今日では製図版はCADによって置き換えられている。CADの図形処理機能によって，図面では不可能であったような製品形状を表現することが可能になり，CADによって作られた製品形状データが生産準備などでも利用されるようになると，製品開発業務は一変した。CADによる形状表現モデルには大きく分けて2次元モデルと3次元モデルがある。図表7-3にそれぞれの説明を示す。

図表7-3　形状表現モデル

2次元モデル	3次元モデル		
	ワイヤーフレームモデル	サーフェスモデル	ソリッドモデル
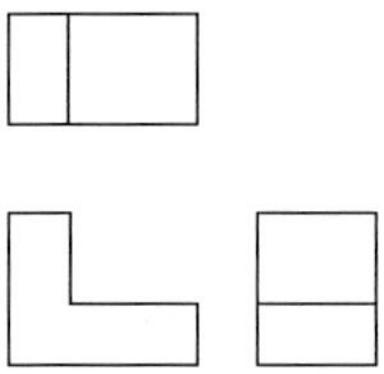 平面に投影した形状を点と線によって表現したもの。	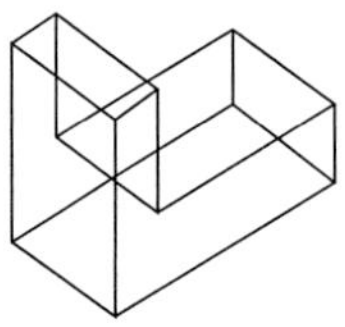 3次元形状を頂点と稜線だけで表現したもの。	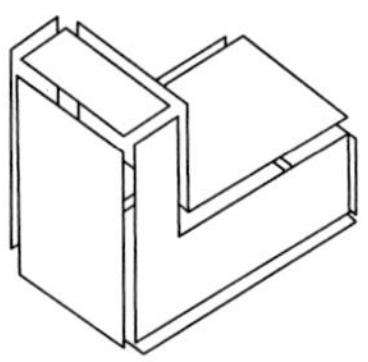 ワイヤーフレームモデルに面のデータを加え，多面体として表現したもの。	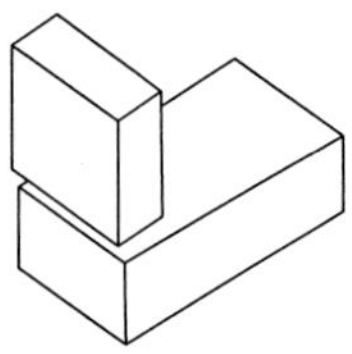 中味の詰まった3次元立体として表現したモデル。

出所：筆者作成。

CADの始まりは，1963年にマサチューセッツ工科大学(MIT)のサザーランド(Sutherland, I. E.)が発表したSKETCHPADであるとされる。SKETCHPADは，グラフィックス表示装置であるCRT (Cathode Ray Tube)ディスプレイを見ながらライトペンを使用して図形を描くものであり，今日のCADの基本的な概念や機能を備えていた。1970年代から1980年代にかけて2次元の図形処理を持つ2次元CADが普及し，主に製図作業の効率化を目的として利用された。1980年代後半になると，3次元の形状処理技術の向上，解析や加工などの応用技術の向上，ワークステーションやパソコンに代表される情報機器の低価格化・高性能化などを背景として，製品開発業務全般を支援する一貫システムが志向され，今日ではコンカレント・エンジニアリングの情報基盤へと発展している。

2．コンカレント・エンジニアリングの情報基盤

コンカレント・エンジニアリングを実現するには，製品設計者，生産技術者，製造技術者，サプライヤー(取引先)などが，情報を共有しながら並行的に製品開発を進めていく情報基盤が必要になる(図表7-4)。情報基盤の中核と

図表7-4　コンカレント・エンジニアリングの情報基盤

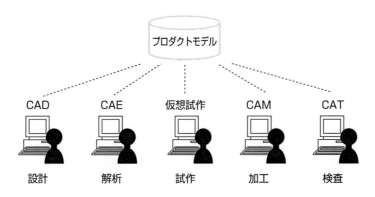

出所：筆者作成。

なるのがプロダクトモデルであり，形状，材質，精度，加工方法などの製品情報を統合的に管理するものである。製品コンセプトを実現する製品構造や製造工程を検討しながら，プロダクトモデルが作られていく。製品の意匠性，性能，製造性，保守性などがプロダクトモデル上で検証された後，製品を生産するための製造情報(製造工程，製造設備，治工具，金型，NCプログラムなど)がプロダクトモデルから作成される。なお，プロダクトモデルの定義とデータ交換の国際標準規格としてSTEP (STandard for the Exchange of Product model data)がある。

プロダクトモデルの定義や検証および製造情報の作成のために，次のような情報技術が使用される。

① CAD (Computer Aided Design)

コンピュータを用いた設計システムのことであり，主にプロダクトモデルの製品形状を定義するのに用いる。平面図形処理を製図用途に応用するものを2次元CADといい，3次元図形処理を製品形状の定義に応用したものを3次元CADという。

② CAE (Computer Aided Engineering)

製品の性能や品質をコンピュータ上で解析し，製品設計の最適化を図るものである。構造解析，振動解析，衝突解析などがある。

③ 仮想試作(Digital Mockup)

3次元CADで作成されたソリッドモデルをベースに，コンピュータ上で仮想的に試作を行なうシステムである。試作品を作ることなく，部品相互の干渉チェックや製造性の確認などを行なうことができる。

④ CAM (Computer Aided Manufacturing)

プロダクトモデルから製品の製造情報を作成するシステムである。NC工作機械に対する指令データ(NCプログラム)の作成などを行なう。

⑤ CAT (Computer Aided Testing)

製造された製品や金型などを測定・検査するシステムである。測定データをCADによる製品形状データと比較することにより，CAMによる製造工程をチェックすることができる。

第5節　自動車メーカーの事例

1．1980年代の製品開発プロセスと情報ネットワーク

　1980年代，新車開発のほとんどは4年をサイクルとするモデルチェンジであった（図表7-5）。量産開始の約30ヵ月前に，開発指示書やスタイルが承認されると，製品設計が開始される。そして，試作を繰り返すことによって設計の問題点を洗い出し，設計，生産技術，製造，サプライヤーなどが一体となって問題を解決していくという形で製品開発が行なわれた。
　自動車メーカー各社は，1960年代からCAD／CAM／CAEを順次開発し，1980年代中頃までに体系化していった。CAD／CAM／CAEが情報ネットワークによってつながることにより，図面やモデルを作る技術者の仕事はコン

図表7-5　1980年代の自動車の開発プロセス

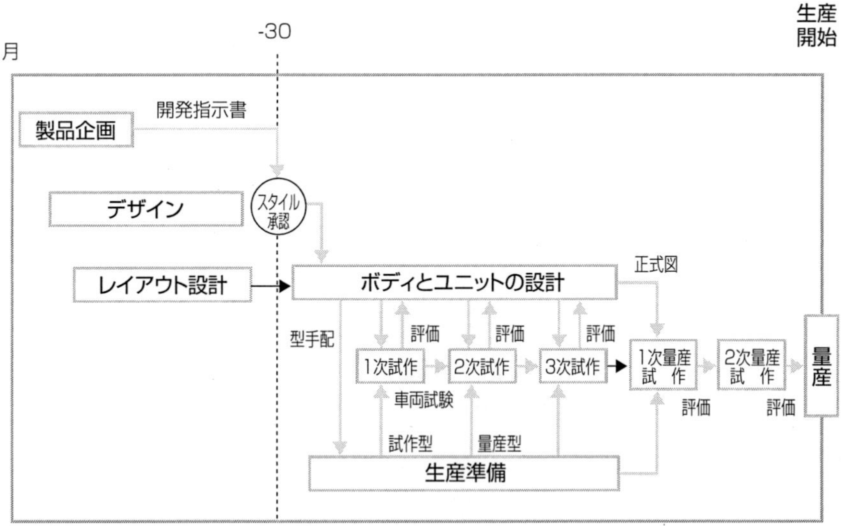

出所：両角〔1991〕を参考に筆者作成。

ピュータの支援を受けながらデジタル・データを作ることに変わるとともに，図面やモデルでは不可能であったような大量の情報を迅速かつ正確に伝達できるようになった。また，デジタル・データを使ったCAEは，衝突解析など，試作と実験の生産性と精度を向上させた。1980年代の情報ネットワークは，技術者の生産性向上，情報伝達の効率化，試作と実験の効率化などによって，増え続ける製品開発量に対処することに貢献した。

2．1990年代の製品開発プロセスと情報ネットワーク

　1980年代，並行的な開発プロセスを特徴とする日本の自動車メーカーの製品開発システムはサイマルテニアス・エンジニアリング(Simultaneous Engineering：SE；CEと同義)と呼ばれた。フォードは「トーラス」の開発において，トヨタ自動車から学んだSEを体系的に利用することにより，大きな成果をあげた。これに対して，トヨタ自動車は1993年春，車両生技部が中心となってSEの再構築を始めた。

　アメリカの自動車メーカーのSEが技術部門内の同期化であったのに対し，トヨタ自動車はそれだけではなく，開発車両ごとにSE推進活動推進役となる車両担当主査を置き，技術部門，生産準備，生産部門，さらにサプライヤーまで巻き込み，より大掛かりに取り組んだ。このSE活動は車両を構成する十数のモジュールごとの生産技術チームが展開した。たとえば，ボディ設計が決まってから検討していたワイヤーハーネス設計を，ボディ設計と同時に行なうようにした。それにより，ボディの形状に合わせるために，ハーネスを迂回させたり，ボディに穴をあけたりするなどの無駄がなくなり，生産時の取りつけの不具合による設計変更が減った。SE活動が開発全体を通して効果を発揮したのが，1995年5月発売になった新型「カローラ」である。

　SE活動は1996年，情報技術を活用したCASE (Computer Aided Simultaneous Engineering)へと発展していく。これにより，エンジン，サスペンションなど機能部品の開発において，各分野のエキスパートのノウハウを早期に織り込むことが可能になり，部品レベルでのフロント・ローディングが実現した[3]。

CASE が部品レベルの SE 活動ならば，1996年4月に開始された V-Comm (Visual and Virtual Communication) は車両レベルの SE 活動である[4]。国内外の30ヵ所以上に設置されている V-Comm ルームは，大部屋方式による開発を目的としたものである。ここでは，設計，評価，生産技術，工場，サプライヤーなどが，車両の部品構成とレイアウトを決定する車両開発において，仮想試作による図面検討やデザインレビューを共同で行なっている。V-Comm により，過去の経験や金型メーカーの意見などを設計段階で組み込むことが可能になり，設計品質と製造品質が大幅に向上した。V-Comm を全面的に適用したのは2000年に発売された「bB」の開発であった。「bB」の開発においては，設計変更は従来の半分以下に低減し，試作は量産試作が1回行なわれただけである。

SE 活動により，製品設計時に製造性が同時に検討され，試作がコンピュータ・シミュレーションによって代替されるなど，製品開発プロセスが変化した

図表7-6　1990年代の自動車の開発プロセス

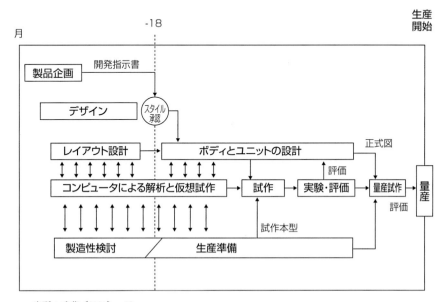

出所：武藤〔2001〕p. 52。

コラム

iPod の開発(5)

　アップル社は名機 Macintosh を開発したパソコンメーカーであるが，1990年代に入ると，Windows パソコンの普及に伴ない売上げが低迷していた。同社は，2001年に Macintosh を中核として多様なデジタル機器をつなぐ「デジタルハブ構想」を打ち出し，第一弾として携帯型デジタル音楽プレイヤー iPod を開発した。その後も iPod は進化を続け，音楽を聴くスタイルに対応したいろいろな機種が開発されるとともに，音楽のみならずビデオやゲームなども楽しめるように機能が拡張された。iPod は画期的なデザイン，性能，操作性によって大ヒットし，苦境にあえいでいた同社を再び成長の軌道に乗せた。

　1990年代後半，パソコンやインターネットの普及によって音楽市場に変革が起きると考えられるようになり，パソコンにつないで使う携帯型音楽プレイヤーを多くの企業が発売した。しかし，売れ行きははかばかしくなかった。2001年初めに携帯型音楽プレイヤーの市場調査を行なったアップル社は，各社の製品が売れない理由は保存できる楽曲数が少なく操作性が悪いからであると結論づけた。

　アップル社は初代 iPod の開発にあたり，製品コンセプトを「ポケットにスッポリ収まる大きさに，ユーザーのすべての音楽コレクションを記録する製品」とした。パソコンから簡単に楽曲ファイルをコピーでき，大量の楽曲を保存して持ち運びできる，ポケットサイズの音楽プレイヤーである。このコンセプトを実現するために，社内のさまざまな部門との対話が繰り返され，多くの人々のアイデアと知恵が集められた。パソコンメーカーとして培ったハードウェアとソフトウェアの技術のみならず，製品デザインやマーケティングなど，幅広い分野のノウハウが社内に蓄積されていたことが，画期的な製品を短期間に開発することに寄与した。また，小型化を可能にしたのは，日本メーカーが開発した薄型のハードディスク装置と電池であった。

　iPod のような画期的な製品を短期間に開発するには，明確な製品コンセプトを作り出す創造力と，社内外のノウハウや技術を集約する統合力が必要なのであろう。

結果，スタイル承認から量産開始までの期間が13～18ヵ月に大幅に短縮された（図表7-6）。

さらに，CAD／CAMは部品メーカーや金型メーカーなどのサプライヤーにも展開され，1990年代半ばには，自動車メーカーを中心とするCAD／CAMの情報ネットワークが形成された。その結果，自動車のデザインから金型製作にいたるすべての製品開発業務が，コンピュータ上のデータを基準として行なわれるようになり，サプライヤーをも巻き込んで，製品開発活動のスピードアップとフロント・ローディングが進められた。

クライスラーは，アメリカで最も短期間に開発する力を持っている自動車メーカーであるとされているが，同社が1999年に発売した新型ネオンの開発期間は28ヵ月である。それに対して，トヨタ自動車の開発期間は1990年代後半，20ヵ月を切るようになってきた。たとえば，「Vitz」(1999年発売)のようにプラットフォームから開発した車種は18ヵ月であり，「bB」のように開発済みのプラットフォームをベースに開発した車種は13ヵ月になった。

《設問》
① 新製品の開発期間を短縮することによって得られる効果について説明しなさい。
② 3次元CADと2次元CADを比較し，各々のメリットとデメリットについて説明しなさい。
③ コンカレント・エンジニアリングを実施する上で考慮すべき点について説明しなさい。

《注》
（1） Dertouzos, et al.（訳書）〔1990〕p. 113。
（2） IDA報告書R-338のなかでは，CEを次のように定義している。
「CEとは，製品設計と，その製品の製造やサポートなどのプロセスの設計とを統合し，これらの設計を同時的(Concurrent)に行なうシステマティックなアプローチである。このアプローチの目的は，開発者に，製品コンセプトから製品の廃棄に至るまでの全ライフサイクルに含まれる品質やコスト，計画，ユーザー要求などの要素を，開発の最初から考えるようにさせることである。」
（3） 矢野ほか〔1998〕pp. 17-23。

（4）「3次元ビジュアル・エンジニアリングこそが革命を起こす」『日経CG』〔1999〕10月号，日経BP社，pp. 140-145．
（5）「iPodの開発」『日経エレクトロニクス』〔2004〕5月24日号，日経BP社，pp. 213-217を参考にした。

《参考文献》

Carter, D. E. and B. S. Baker〔1992〕*Concurrent Engineering*, Wesley Publishing.（訳書，末次逸夫ほか訳〔1992〕『コンカレント・エンジニアリング』日本能率協会マネジメントセンター。）

Clark, K. B. and T. Fujimoto〔1991〕*Product Development Performance*, Harvard Business School Press.（訳書，田村明比古訳〔1993〕『製品開発力』ダイヤモンド社。）

Dertouzos, M. L., et al.〔1989〕*Made in America：Regaining the Productive Edge*, The MIT Press.（訳書，依田直也訳〔1990〕『Made in America―アメリカ再生のための米日欧産業比較―』草思社。）

一橋大学イノベーション研究センター編〔2001〕『イノベーションマネジメント入門』日本経済新聞社。

両角岳彦〔1991〕『図解：自動車のテクノロジー』三栄書房。

武藤明則〔2001〕「自動車産業における新製品開発競争と情報技術」『調査季報』5月号，pp. 44-66．

武藤一夫〔2000〕『はじめてのCAD／CAM』工業調査会。

日本機械学会編〔1987〕『CAD／CAM事例集』技報堂出版。

延岡健太郎〔2002〕『製品開発の知識』日本経済新聞社。

トヨタ技術会編〔1989〕『自動車と情報処理』トヨタ技術会。

矢野裕司・坂根英樹・気田亨嘉・小川寿己・明石忠雄〔1998〕「自動車機能部品におけるCASE」『自動車技術』Vol. 52, No. 12, pp. 17-23．

（武藤　明則）

第 8 章

生産とネットワーク

―本章のまとめ―

① 自動車や家電製品など,私たちの身の回りの工業製品は,工場で生産される。生産活動は,素材や部品を加工したり組立てたりして製品を作る活動と,これらの活動を管理する活動に分けることができる。製品に求められる品質,原価,納期の3つの条件を満足させながら生産することが大切である。

② 生産情報システムは,生産に必要な情報を処理するための仕組みであり,コンピュータや通信などの情報技術の発達に伴なって発展してきた。生産情報システムは,ロボットなどの自動化機械を中心とする製造工程のオートメーション化と,生産活動の計画,評価,統制を行なう生産管理情報システムとに大別される。

③ トヨタ自動車は,トヨタ生産方式をベースに生産情報システムを構築してきた。同社は,1960年代後半に工場への生産指示のオンライン化を開始し,その後,部品表システムやオーダーエントリーシステムなどの機能拡張を図ってきた。1980年代には,自社内のみならず関連企業へと情報ネットワークを拡充し,受注から出荷までを統合的に管理する生産情報システムが完成した。

④ 1990年代半ば以降,自動車メーカー各社は,国内需要の低迷や新興国の経済成長を背景として,生産拠点のグローバル化を進めている。グローバルに展開される生産活動を調整するためには,グローバルな情報共有の基盤が必要であり,部品表と情報ネットワークを中心に生産情報システムの再構築が進められている。

第1節　生産の概要

1．生産の意味と基本機能

　自動車や家電製品など，私たちの身の回りの工業製品は，工場で生産される。工場では，素材や部品を加工したり組立てたりして製品が作られる。たとえば，自動車工場では，鋼材を成形加工，溶接，塗装することによってボディーを製作し，エンジンやハンドルなどの部品を取り付けることにより自動車が完成する。同じ自動車であっても，乗用車の場合は設計済みの製品が繰り返し生産されるのに対して，トラックやバスのような産業用車両の場合には顧客からの注文に応じて製品を設計することもある。一般に，「生産」は素材や部品から製品を作るプロセスを意味するが，広義には設計をも含む。

　広義の生産は，「設計」「調達」「製造」という3つの機能に分けることができる。「設計」には製品設計と工程設計とがある。製品設計は，顧客のニーズを満たすように製品の形状・機能・品質を設計して，図面や仕様書を作ることである。また，工程設計は設計図に基づいて製品の製造方法を設計することであり，製造に必要な工程(機械・治工具の種類，作業の種類，作業者数)が決まる。設計は製品の品質や価値だけではなく原価や納期にも大きな影響を与える。

　「調達」とは，製品の製造に必要な資材(素材，部品)を調達することで，購買と外注に分けることができる。購買は規格化された資材を仕入れることであり，外注は作業の一部を外部に依頼することである。また，「製造」とは，設計図に基づいて製品を作ることであり，機械工業の場合，部品加工と製品組立からなる。

2．生産管理

　私たち「人」が料理をつくる時，調理の「方法」を書いたレシピを参考にし

ながら，肉や野菜などの「材料」を，包丁や鍋などの「道具」を使って調理する。これと同じように，工場で製品を生産するにも，「人」(man)，「材料」(material)，「機械設備」(machine)，「生産方法」(method)が必要になるのであり，これらを生産要素または生産資源という。

生産された製品は，品質(Quality)，原価(Cost)，納期(Delivery)の3つによって評価される。これらを生産の3条件といい，頭文字をとってQCDと略称される。すなわち，生産には，良質の製品を適正なコストで顧客が必要とする時期に必要な量だけ作ることが求められる。

QCDを満たすように，設計，調達，製造といった生産活動や生産要素を管理することを生産管理(production management)という。生産管理においては，生産活動や生産要素を計画し，その計画を達成するために生産過程の評価や統制が行なわれる。生産にはいろいろな管理が必要になる。たとえば，設計では日程管理や図面管理，調達では購買管理や外注管理，製造では工程管理や品質管理などが挙げられる。これらの生産管理を構成する個別管理は，相互に整合性を持って運営されなければならない。

生産管理のあり方は，生産形態によって異なる。一般に生産形態は，注文と生産の時間的関係によって，注文を受けてから生産する受注生産と需要予測に基づき生産してから注文を受ける見込み生産に分けられ，生産数量と品種の関係によって，多品種少量生産と少品種多量生産に分けられる。また，仕事の流し方という点からみれば，多種多様な製品を1個ずつ生産する個別生産，ある程度の数量(ロット)をまとめて生産するロット生産，標準化した製品を連続で生産する連続生産に分けられる。

経済的な生産という観点では標準化された単一の製品を連続見込み生産するのが最も効率的であるが，今日の市場環境では顧客の多様なニーズに応じて多品種少量，個別生産が求められる傾向にあり，そのなかで生産管理は所定のQCDの達成，さらにはQCDの水準を継続的に向上させるという難しい課題に取り組む必要に迫られている。

第2節　生産情報システム

1．生産情報システムの機能と構成

　製造業はコスト低減，製造品質の向上，納期短縮などを目的として生産の情報化を進めてきた。生産に必要な情報は2つに区分することができる。1つは生産する製品と作り方についての技術情報であり，もう1つは生産を計画，実施，統制するための管理情報である。
　生産情報システムは，生産における技術情報と管理情報を処理するための仕組みであり，コンピュータや通信などの情報技術や，それを利用した情報処理の手順，ルールなどを体系化したものである。

図表8-1　生産情報システムの構成例

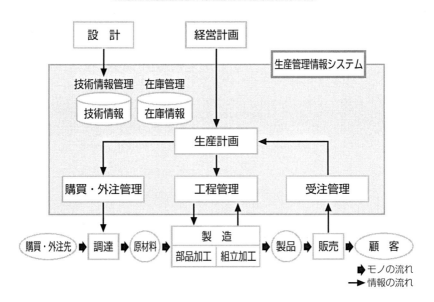

出所：筆者作成。

生産情報システムは，製造工程の自動化(オートメーション)と生産管理の効率化を中心に進められてきた。生産管理を対象とした情報システムを生産管理情報システムという。生産情報システムの構成例を図表8-1に示し，サブシステムの機能を以下に説明する。なお，ここでは設計を含まない狭義の生産情報システムを示した。設計の情報化については第7章を参照していただきたい。

（1） 製造工程の自動化(オートメーション化)

製造工程に設置された NC（Numerical Control；数値制御）工作機械やロボット，自動搬送装置などの自動化機械をコンピュータで制御・管理することによって，製造工程の自動化が進められてきた。

NC工作機械は，部品を加工する機械であり，工具の移動量や移動速度などの動作を数値情報によって制御できる。数値情報による制御は，工具移動などの動作情報をコード化した NC プログラムによって行なう。NC工作機械は NC プログラムに従って自動的に加工を行なうので，作業者の熟練度に依存することなく同じ部品を繰り返し加工することや，自動運転による連続運転が可能となる。また，NC工作機械をコンピュータと通信ケーブルで接続し，NCプログラムの管理と交換，加工の指示と監視をオンラインで行なえば，多種類の部品を自動加工することができる。

NC工作機械と同様に，ロボットや自動搬送装置などもコンピュータ制御が可能であり，多種類の製品や部品の溶接，組立，搬送などを自動化できる。多品種少量生産の製造工程を中心に，コンピュータと自動化機械を利用したオートメーション化が進められている。

（2） 生産管理情報システム

生産管理情報システムは，受注管理，生産計画，技術情報管理，購買管理，工程管理，在庫管理などのサブシステムで構成される。

　a．受注管理システム

生産と販売の接点となり，顧客からの注文を取りまとめて生産計画に反映さ

せたり，注文ごとの生産状況を管理する。

　b．生産計画システム

経営計画や顧客からの注文をもとに生産計画を立案し，購買管理システムへ資材調達に必要な情報を伝達するとともに，工程管理システムへ製造指示を伝達する。

　c．技術情報管理システム

製品設計や工程設計によって作られた部品表・図面などを管理する。これらの技術情報は，生産計画システムや工程管理システムなどによって利用される。

　d．購買・外注管理システム

製造に必要な素材や部品を外部から調達する。一般材料や規格品を購入する"購買"と，自社の仕様に基づいて外部に製造委託する"外注"とがある。業務としては，発注，受入・検査，取引先(サプライヤー)管理などがある。

　e．工程管理システム

作業者や設備の能率を同時に高めながら納期を守ることを目的として製造工程を管理する。作業の手順や日程を決定する計画機能と，計画通りに実施されるように作業を統制する統制機能とからなる。

　f．在庫管理システム

倉庫に保管する素材・部品・半製品・製品を管理する。購買・外注管理システム，工程管理システムからの要求に対する入出庫処理や，在庫場所の管理，棚卸処理を行なう。在庫情報は受注管理システム，生産計画システムでも利用される。

　g．その他

原価管理システム，品質管理システムなどがある。原価管理システムでは，原価低減を目的に，標準原価の設定，実際原価の収集・集計，標準原価と実際原価の差異分析を行なう。また，品質管理システムでは，品質改善を目的として製品の品質や製造工程の情報を収集・蓄積・分析したり，PL法(製造物責任法)など法的に必要な情報を管理する。

2. 生産情報システムの発展

 生産におけるコンピュータ利用が本格化するのは1960年代である。最初は個々の業務や機械の自動化を目的としたものであったが，今日では生産プロセス全般で情報化が進められるようになった。情報化の範囲が広がってくると，生産情報システムの考え方，手法，技術を体系化する必要が出てくる。生産情報システムの体系化は製造工程のオートメーション化と生産管理情報システムの2つの分野で進められてきたが，現在は統合されつつある。

（1） 製造工程のオートメーション化の発展

 製造工程のオートメーション化は，1952年のマサチューセッツ工科大学によるNC工作機械の開発と，それに続くコンピュータによるNC工作機械の自動制御化とともに発展してきた。NC工作機械にコンピュータを登載したCNC（Computerized Numerical Control）や，複数のNC工作機械を中央のコンピュータで制御するDNC（Direct Numerical Control）が出現し，工作機械の数値制御のみならず，NCプログラムの作成や加工シミュレーションによる事前確認など，NC工作機械の高機能化が進められてきた。

 さらに，コンピュータは，NC工作機械単体の自動化のみならず，ロボットや自動搬送装置などの自動化機械をネットワークによって結合することにより，工作物の工作機械への供給から加工，搬送，保管までを統括的に制御・管理するために用いられるようになった。

 コンピュータと自動化機械をネットワーク化した製造システムには，FMC（Flexible Manufacturing Cell），FMS（Flexible Manufacturing System）などがある。FMCは1つの工程を1～2台のNC工作機械と工作物の自動供給装置で構成したものであり，FMSは一連の工程を複数のFMCと自動搬送装置によって構成したものである。また，FMCやFMSをCAD/CAMシステム，生産管理情報システムと結合することによって工場全体の自動化を図ることをFA（Factory Automation）という。

1970年代以降，多品種少量生産が急速に進むなかで，FMCやFMSのような自動化機械のネットワークは広がりをみせ，コンピュータによって品種や生産量に応じた柔軟な制御が行なわれるようになった。これにより，大量生産を目的とするトランスファーマシンのような硬直的な自動化は影をひそめていった。

（2） 生産管理情報システムの発展

1960年代初頭，生産管理手法としてMRP(Material Requirements Planning)が提唱された。MRPは，製品の生産計画をもとに資材をいつ何個手配すべきかを計画する手法であり，資材所要量計画と呼ばれた。1960年代中頃になると，MRPを中核として生産管理情報システムの体系化が行なわれ，コンピュータメーカーなどによって汎用的なソフトウェア製品が開発された[1]。その後，MRPはMRP II，ERPへと拡張され，生産管理情報システム発展の基礎となった[2]。

① MRP (Material Requirements Planning：資材所要量計画)

初期のMRPの中心的な機能は，製品の生産に必要な資材の所要量を計算することであった。製品と資材の種類が増えると，膨大な資材所要量の計算が必要になる。コンピュータを利用することによって所要量計算を自動化することができた。しかし，工場の生産能力を考慮しないで計算するため，MRPの計算結果をもとに資材を手配しても計画通りに生産できないという問題があった。1970年代に，能力所要量計画(Capacity Requirements Planning：CRP)の機能が追加されたことによって，製造現場から収集した生産進捗情報をもとに生産能力を考慮しながら資材を手配することが可能となり，MRPによって作られた計画の実行可能性が高まった。

② MRP II (Manufacturing Resource Planning II：製造資源計画)

MRPの本来の目的は生産と在庫を計画・統制することである。そのためには，資材と生産能力以外に，資金や要員といった他の経営資源をも考慮する必要がある。1980年代に入ると，資金計画や要員計画など，生産活動に必要な経営資源を計画・統制するMRP IIへと発展した。これに伴ない，MRPの意味

も「資材所要量計画」から「製造資源計画」へと変わった。

③ ERP (Enterprise Resource Planning：企業資源計画)

1990年代に入ると，MRP II は ERP へと発展した。受注から出荷に至るビジネスプロセスには，生産のみならず販売・物流・会計などいろいろな業務が関係する。ERP は，これらの業務での経営資源(人，モノ，金)の流れを組織横断的に把握することによって，全社的な視点から経営資源を最適化しようとする経営概念である。ERP の概念を実現する情報システムは，ERP システムや統合業務パッケージと呼ばれ，販売管理，在庫管理，生産管理，会計といったサブシステムから構成される。

(3) 生産情報システムの統合

1980年代，アメリカ製造業は国際競争力が低く危機的な状況にあった。その原因は日本などに比較して生産性が低いからであり，情報技術によって業務を大きく変えることの必要性が認識されるようになった。とくに，生産，販売，製品開発などの情報化や工場の自動化を個別に進めてきた結果，各々のシステムがお互いに連携がとれず孤立化していることが問題とされ，システムと業務を統合する概念として CIM(Computer Integrated Manufacturing)が注目された。

アメリカでの CIM の展開は，生産管理と CAD/CAM，そして工場の自動化との統合が中心であった。日本では，生産システムと経営戦略や販売活動との統合の重要性が強調され，「製造業における研究・開発，生産，販売という3つの業務を，情報システムによって統合し，これを1つの経営戦略のもとに動かしていくというシステム」と再定義することによって独自の展開をみせた[3]。

生産情報システムは，CIM を指針として，製造工程のオートメーションと生産管理情報システムとの統合のみならず，研究・開発や販売などの業務・システムとの統合を志向するようになったのである。

第3節　自動車生産と生産情報システム

　生産情報システムは，製品の種類と量，生産の戦略と形態，取引先との関係，自社の生産技術と管理技術など，いろいろな要因によって変わる。企業は，前節で述べたような生産情報システムの一般的な考え方，手法，技術を取り入れながらも，自社固有の生産情報システムを構築している。本節では，自動車メーカーの事例を通じて，実際の企業がどのように生産情報システムを展開しているかについて説明する。

1．自動車の製造工程

　自動車の組立工場は，プレス，溶接，塗装，組立の4工程から編成されている。プレス工程では，鋼材をプレス加工してボディーを構成する部品が作られる。プレス加工された部品は溶接工程でロボットなどにより溶接され，ボディーの骨格ができる。次に，ボディーは塗装工程へ送られ，錆止めの電着塗装を行なった後，中塗・上塗と何重にも塗装される。組立工程では，塗装を終えたボディーに，機械工場で製作されたエンジンなどの機械部品や部品メーカーから搬入された部品を取り付ける。完成した自動車は検査を行なった後，販売店に向けて出荷される。
　家電製品などと比較すると自動車は部品点数が多く，多くの企業が自動車生産に関与している。日本の自動車メーカーは70％以上の部品を外部の部品メーカーから購入しており，関連分野も鉄鋼・ガラス・ゴム・電気など広範囲である。ロット生産（プレス工程）と連続生産（組立工程）が混在するなど，製造工程は多岐に渡っており，生産管理面で難しい問題がある。また，顧客ニーズの多様化による製品の多品種化は生産管理をさらに難しくしている[4]。

2. 自動車メーカーの生産情報システム

　自動車生産におけるコンピュータ利用は1960年代初めから始まったが，当初は工数計算や給与計算などの計算業務の自動化を目的としたものであった。1960年代後半に入ると，工場への生産指示のオンライン化など本格的なシステム化がなされるようになり，1970年代には受注から出荷までの生産プロセス全般をカバーするようになった。1980年代にはシステムの機能面での拡張と統合化が図られ，情報ネットワークは販売店，サプライヤー，海外拠点へと拡張された。関連企業や海外拠点を結ぶ情報ネットワークによって，受注から出荷までの情報の流れはモノの流れと同期をとるように管理されるようになった。

　自動車メーカーのなかでも，トヨタ自動車(以下，トヨタと略する)はトヨタ生産方式をベースに先端的な生産情報システムを構築してきた。1990年代初めの同社の生産情報システムを図表8-2に示す。なお，トヨタはシステムに固

図表8-2　生産情報システムの概要

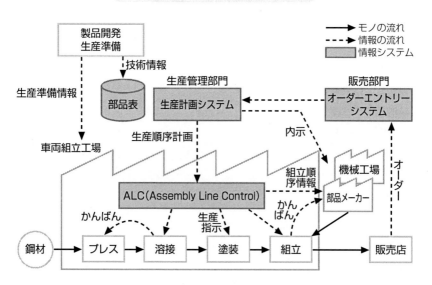

出所：長坂〔1993〕p. 1，黒岩〔1999〕p. 638を参考に筆者作成。

有の名称をつけているが，ここでは一般的と思われる名称を用いる。

① 部品表システム

部品表システムは製品と製造工程に関する情報を管理するシステムであり，製造のみならず，製品設計，生産準備，部品調達，原価管理，品質保証，補給部品管理など，企業活動のほぼ全般にわたって使用される。

部品表が管理する情報には次の4種類がある[5]。

 a．車両型式（セダン，ハードトップなど）とオプション仕様（エアコンなど）との関連
 b．個々の部品の情報（名称，材質，設計変更の履歴など）
 c．A部品はB部品とC部品から構成されるといった部品構成の情報
 d．部品を製造する工程の情報

② オーダーエントリーシステムと生産計画システム[6]

オーダーエントリーシステムは，販売店からのオーダー（注文）を受理すると，とりまとめて生産計画システムに送るとともに，オーダーごとの納期管理を行なう。生産計画システムは，生産計画を立案し，工場や部品メーカーに生産指示をする。オーダー受理と生産計画立案は月次，旬間，日次の3段階で行なわれる。

 a．月間オーダーと月度生産計画

販売店は毎月，向こう3ヵ月間の月間オーダーをトヨタに送る。オーダーの単位は，車名別およびエンジン，ボディータイプ別といった大まかなものである。次に，生産管理部門が生産能力と調整の上，向こう3ヵ月間の月度生産計画を立てる。翌月の月度生産計画は月間取引台数として販売店に提示されるとともに，工場別，日程別の部品所要量が計算される。部品所要量は部品メーカーや機械工場に内示として通知され，材料手配や人員計画など，生産の準備が進められる。実際の生産は，かんばんや組立順序情報によって指示される。

 b．旬オーダーと旬間生産計画

販売店は，月間取引台数の枠内で最終仕様別（型式・カラー・オプションなど）に展開した旬オーダーを月3回，該当旬の7～8日前にトヨタに送る。生産管理部門は，旬オーダーをもとに月度生産計画を修正することによって，工場

別・ライン別に日産量を設定した旬間生産計画を立てる。

　c．デイリー変更オーダーと日次生産計画

　販売店は顧客から在庫がない注文を受けた場合，旬オーダーを変更することができる。この変更は毎日受け付けられ，デイリー変更オーダーと呼ばれている。大幅に必要部品が変わらなければ，旬間生産計画を変更し，日次生産計画が立てられる。日次生産計画では，生産する車の種類と順序が決定され，生産順序計画として工場へ通知される。オーダー変更は，生産の4日前まで可能である。

　③　ALC[7]

　ALC（Assembly Line Control）は，生産計画システムから送られてきた生産順序計画をもとに，各工程の作業者や自動機械に対する生産指示と進捗管理を行

図表8-3　ALC

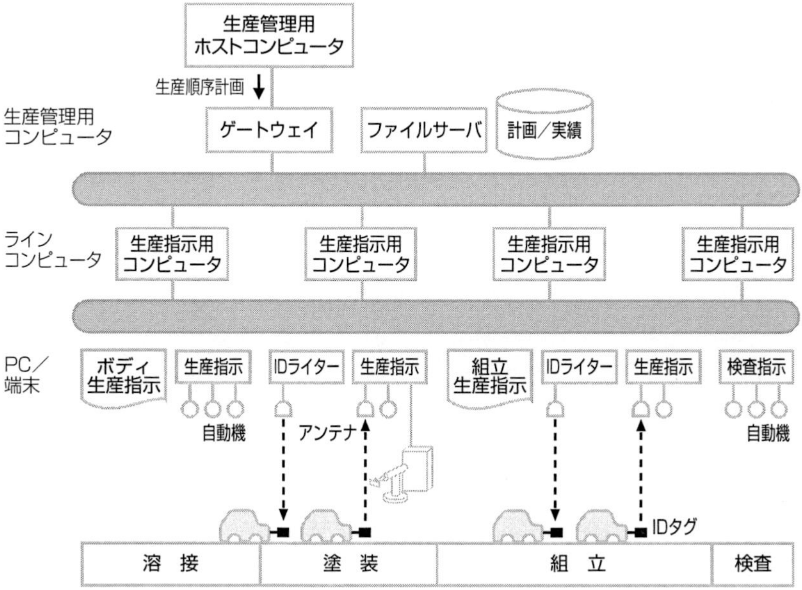

出所：隈部〔1990〕p. 10を一部改変。

なうシステムである。ALCの構成を図表8-3に示す。

　仕掛り中の車両を運搬する台車にIDタグと称するICカードが取り付けられ，生産順序計画を管理するファイルサーバーが次に製造すべき車両の生産情報をIDタグに書き込む。各製造工程では，IDタグ・アンテナがIDタグに記録された生産情報を読み取り，生産指示用コンピュータが自動化機械や作業者に対して必要な生産指示をする。このようにIDタグによってモノと情報の流れが同期化されている。

　④　情報ネットワーク(8)

　トヨタは，1970年代末までに社内オンライン・システムの整備をほぼ完了し，その後，販売店，車体メーカー，サプライヤー，海外工場などとの情報ネットワーク化を個別に進めてきた。1980年頃から光ファイバーなどの通信技術によって大容量・高速のデータ通信が可能になるとともに，1984年の電気通信事業法改正と1985年の電電公社(現在のNTT)の民営化を契機として多様な通信サービスが利用可能になったことを受けて，トヨタは関連企業を含むオールト

図表8-4　TNS

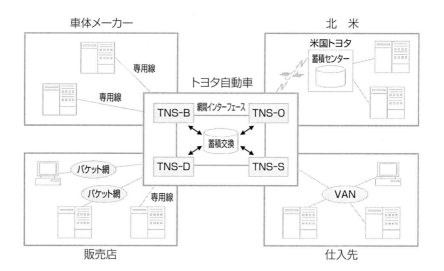

出所：隈部〔1990〕p.13を一部改変。

ヨタとしての TNS（Toyota Network System）を構想し，情報ネットワークを統合した（図表 8-4）。

第4節　自動車産業における情報ネットワークの展開

1990年代半ば以降，自動車メーカー各社は，国内需要の低迷，需要の大きな変動，新興国の経済成長など，経営環境が大きく変化するなかで，生産のグローバル化を進めている。一方，1990年代半ばからインターネットが急速に普及するなど，情報技術の発達には目覚しいものがあり，企業経営にどのように活用するかが，情報戦略上の大きな課題になっている。本節では，自動車メーカーが，グローバル化と情報技術の発達を背景として，どのように生産情報システムの再構築と展開を図っているかについて説明する。

1．グローバル化の段階と生産システム

自動車メーカーにおける生産のグローバル化は3段階に分けることができる

図表 8-5　生産のグローバル化

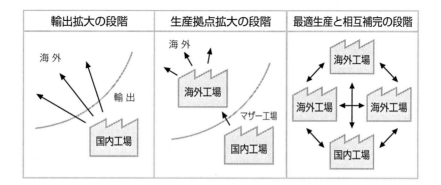

出所：筆者作成。

(図表8-5)。

① 輸出拡大の段階

日本の自動車メーカーが海外に輸出を開始したのは1950年代であるが，1973年のオイルショックを契機としてアメリカを中心に輸出が拡大した。この間，海外向けの製品も国内工場で生産され，国内の顧客ニーズが多様化したこともあり，トヨタ生産方式に代表される多品種少量生産体制が進んだ。

② 生産拠点拡大の段階

1980年代，ホンダのオハイオ工場，トヨタのGM（ゼネラル・モーターズ）との合弁会社NUMMIなど，本格的な海外生産が開始された。1990年代以降，貿易摩擦や円高を契機として，グローバル化の流れは加速された。最初はノックダウン生産から開始されたが，相手国の政府からの要請もあり，現地サプライヤーから調達する部品を増やしていった。海外で生産・販売される製品は，国内の製品をベースにして開発されたものであり，国内工場が立ち上がって軌道に乗ってから，数年にかけて順次海外工場の生産を立ち上げていった。国内工場がマザー工場となって生産技術の移転と指導を行なった。

③ 最適生産と相互補完の段階

1990年代後半から，アメリカの好景気や中国などの新興国の経済成長を背景として，世界中に生産拠点を急速に拡大していった。2000年代に入ると，グローバルな競争はますます激しくなり，国内製品のマイナーチェンジではなく，最初から現地の市場ニーズに対応した製品の開発と生産が求められるようになった。その一方で，コスト競争力を強化するためには，世界レベルでの規模の経済を求める必要があった。具体的には，プラットフォーム（車台）の統一，最適地での製品と部品の生産，新製品の世界同時立ち上げ，生産拠点間での生産量調整による需要変動対応など，最適生産のみならず生産拠点間の相互補完による全体最適が追求されるようになった[9]。

2．生産情報システムの再構築

今日の自動車生産には，多くの製品を世界中で同時並行的かつ短期間に開

発・生産できるビジネススピードと効率性，および製品の切り替えや需要変動に迅速に対応できる柔軟性が求められている．そのためには，個々の生産活動の効率化のみならず，人と人，組織と組織，企業と企業，といったいろいろなレベルで生産活動を調整する仕組みが必要になる．今日，グローバルな生産活動を調整するための情報共有基盤を確立することを目的として，生産情報システムの再構築が進められている．本節では，情報共有基盤の中心である部品表と情報ネットワークを中心に，自動車業界の生産情報システムが1990年代半ば以降どのように再構築されているかについて説明する．

(1) 部品表システム

自動車メーカーの部品表システムが開発されたのは1970年代である．それ以降，購買管理，原価管理，補給部品管理など，部品表を利用する数多くのアプリケーション(適用業務システム)が開発された．

一般に，製造業の部品表には，製品設計の結果を管理する設計部品表と，これに製造工程などの生産に必要な情報を付加した製造部品表とがある．従来，設計部品表と製造部品表とは物理的に分かれていた．また，アプリケーションでは，設計部品表や製造部品表の一部をコピーし新たな情報を付加して作られたサブセットの部品表が利用された．設計部品表が全社で1つに統合されているのに対して，製造部品表は工場ごとに作成されることが多い．これは，部品の調達先が工場の近くにあるサプライヤーである場合が多く，工場ごとに生産ラインの形態も異なることが多いからである．また，海外の生産拠点や車体メーカーなどの関連企業でも，同様にして個別に部品表を持つことにより独自のアプリケーションを開発していった．

多くの部品表が作られたのは，当時のコンピュータの能力がまだまだ低く，1台でいろいろなアプリケーションを稼動させたり大量のデータを管理することは難しく，海外や関連企業などの遠隔地から集中管理された部品表を参照することも通信回線の性能からして技術的，経済的に困難であったことによる．また，部品表に登録されていない情報を必要とするアプリケーションが増えるなど，全体最適を目指して作られた部品表が個々のアプリケーションにとって

は必ずしも最適ではなくなってきたことも理由と思われる。

　多くの部品表ができると，部品表間の整合性をとることが難しくなってくる。たとえば，設計変更があると，設計部品表が更新された後，製造部品表が更新される。その後，個々のアプリケーションごとの部品表が更新される。すべての部品表が更新されるまでには時間がかかり，情報の不一致が発生する。

　2000年に入って，自動車メーカー各社は部品表システムの再構築に着手した。新しい部品表システムは，設計部品表，製造部品表，アプリケーション別部品表をグローバルな視点から統合しようというものであり，「グローバル統合部品表」[10]とも言えるものである。グローバル統合部品表の要件は次のようである[11]。

・開発から生産，販売までのプロセス全般で情報に整合性を持たせることによって，同じ情報を共有しながら仕事を進められるようにする。
・グローバル化に伴なう製品品種の増大と生産規模の拡大に対応する。
・世界中から24時間，リアルタイムで利用できるようにする。
・いろいろなアプリケーションで利用できるデータ構造にする。

（2）　情報ネットワーク

　1990年代半ばからのインターネットの普及は企業の情報ネットワークに大きな影響を与えた。それまでの情報ネットワークは特定の企業または企業グループ内に閉じたものであり，異機種のコンピュータ間で通信するには独自の通信プロトコル（通信規約）を開発するか，VAN（Value Added Network；付加価値通信網）を利用するしかなかった。

　インターネットによってTCP/IPが通信プロトコルのデファクト・スタンダード（事実上の標準）になると，世界中のコンピュータがインターネットを通して通信できるようになった。しかし，インターネットにはセキュリティや通信品質，伝送能力の問題があり，機密性の高いデータを大量・高速に伝送する必要がある企業間ネットワークには向かない。自動車メーカー各社はTCP/IPなどのインターネット技術と高速デジタル通信回線を使いながら，セキュリティ機能を付加することによってイントラネットやエクストラネットを構築し

た。

　自動車メーカー各社が独自の情報ネットワークを展開していくなかで，複数の自動車メーカーと取引する部品メーカーでは「多端末現象」と呼ばれる問題が起きてきた。部品メーカーは自動車メーカーごとに専用の通信回線と端末を用意しなければならず，投資が増え業務が煩雑化したのである。このような問題はアメリカでも同様であり，アメリカ自動車産業の業界団体である AIAG (Automotive Industry Action Group) が，1998年に自動車業界の標準ネットワークである ANX (Automotive Network eXchange) を構築した。日本でも，日本自動車工業会，日本自動車部品工業会，日本自動車研究所などが中心となって，JNX (Japanese automotive Network eXchange) を構築し，2000年に管理・運営を行なう組織として JNX センターを設立して稼動を開始した。

　ANX や JNX が稼動したことによって，自動車メーカー各社は自社専用ネットワーク，業界標準ネットワーク，インターネットの3つの情報ネットワークを利用して，部品調達情報システムを構築できるようになった。

　また，2000年には，GM，フォード，ダイムラークライスラー，ルノー，日産自動車の5社が，情報ネットワーク上で取引を行なう電子市場(eマーケットプレイス)としてコビシント(Covisint)を発足した。コビシントは ANX や JNX などの業界標準ネットワークとインターネットを利用しており，自動車メーカーとサプライヤーが開発から調達，製造・物流までの取引プロセスにおいて情報ネットワーク上で情報交換しながら協業できる環境を提供することを目指していた。しかし，日本ではセキュリティや取引慣行の問題もあり汎用部品に限定して利用するケースが多いようである。

　今のところ，カスタム部品は専用ネットワーク上の部品調達システム，汎用部品は業界標準ネットワーク上のeマーケットプレイスといったように，部品ごとの調達方法に応じた情報ネットワークの利用が進むと予想される。しかし，カスタム部品が多い自動車業界では，専用ネットワークや業界標準ネットワークが中心になるであろう。

> コラム

> ### 生産とサステイナビリティ(持続可能性)
>
> 　自動車は便利な乗り物であり，私たちの生活や社会活動にとって欠くことのできないものである。しかし，地球温暖化や資源枯渇など地球環境問題が深刻化している今日，地球環境と人間社会のサステイナビリティへの対応なくして自動車産業の未来はないであろう。
>
> 　トヨタ自動車は1992年にトヨタ環境委員会を設立し，環境問題に取り組んでいる。2008年3月に発表されたアニュアルレポートでは，「3つのサステイナビリティ」を特集し，「研究開発」「モノづくり」「社会貢献」の3つの分野でサステイナビリティに取り組んでいることを説明している。生産の分野である「モノづくり」では，「サステイナブル・プラント」をコンセプトに，低CO_2生産技術の開発・導入，改善活動による省エネルギー，太陽光発電，生態系保護のための工場の緑化活動などを展開している。
>
> 　従来，生産管理の目的は品質・原価・納期であった。これらの目的とサステイナビリティは相矛盾する面もあるが，矛盾を解決することによって生産システムはさらに発展していくであろう。

《設問》
① 自動車生産における情報ネットワークの役割について説明しなさい。
② 生産においてインターネットを利用することの効果と問題点について説明しなさい。

《注》
（1） 1966年，アメリカIBM社によってMRPの機能をもつPICS（Production Information Control System）が開発された。
（2） 詳細は安田〔1999〕を参照。
（3） 松島〔1999〕pp. 386-406。
（4） トヨタ自動車では，1980年代，自動車の販売台数のうち，エンジン，ボディー，オプション，カラーなどの仕様がまったく同一のものが1台しかない車が60％を占めていた（隈部〔1990〕p. 4）。
（5） トヨタ技術会〔1989〕p. 68。

（6）詳細は門田〔1991〕pp. 146-154を参照。
（7）詳細は門田〔1991〕pp. 160-175を参照。
（8）戸田〔2006〕pp. 48-52。
（9）トヨタの最適生産・供給，世界同時立ち上げ，生産拠点間の生産量調整については，トヨタ自動車〔2005〕〔2006〕〔2007〕を参照。
（10）戸田〔2006〕p. 130。
（11）日本アイ・ビー・エム〔2004〕pp. 16-23。

《参考文献》

隈部英一〔1990〕「生・販一体化をめざす戦略的情報システムの展開」第6回産業情報化シンポジウム資料，産業情報化推進センター。

黒岩惠〔1999〕「ジャストインタイムとかんばん方式」圓川隆夫・黒田充・福田好朗編『生産管理の辞典』朝倉書店, pp. 636-646。

松島桂樹〔1999〕「CIMとFA」圓川隆夫・黒田充・福田好朗編『生産管理の辞典』朝倉書店, pp. 386-406。

門田安弘〔1991〕『トヨタの経営システム』日本能率マネジメントセンター。

長坂洵二〔1993〕「自動車産業における情報システム活用の現状と今後の課題」製造・装置シンポジウム講演資料，日本IBM。

日本アイ・ビー・エム〔2004〕「さらなる展開に向けて，基幹システムである「部品表システム」を再構築。」『ProVISION』No. 40/Winter 2004, 日本アイ・ビー・エム, pp. 16-23。

戸田雅章〔2006〕『トヨタイズムを支える「トヨタ」情報システム』日刊工業新聞社。

トヨタ技術会編〔1989〕『自動車と情報処理』トヨタ技術会。

トヨタ自動車〔2005〕「Positioned for the Future」『アニュアルレポート 2005』トヨタ自動車, pp. 20-31。

トヨタ自動車〔2006〕「「カムリ」の挑戦」『アニュアルレポート 2006』トヨタ自動車, pp. 16-27。

トヨタ自動車〔2007〕「生産競争力強化への挑戦」『アニュアルレポート 2007』トヨタ自動車, pp. 23-35。

安田一彦〔1999〕「統合業務システム」圓川隆夫・黒田充・福田好朗編『生産管理の辞典』朝倉書店, pp. 407-420。

（武藤　明則）

第⟨9⟩章

会計とネットワーク

―本章のまとめ―

① 会計とは，情報の利用者の意思決定に役立つように経済的情報を識別，測定，伝達するプロセスであり，本質的に情報システムの性格を有する。会計は，企業外部の利害関係者に対する報告のための財務会計と，企業内部の利害関係者である経営者などの意思決定や業績評価のための管理会計に大別される。

② 会計情報における企業内ネットワークの活用は，連結決算やペーパーレス決済などの業務の効率化や意思決定の迅速化による企業価値の創造に役立つ。さらに，EDIなどの企業外ネットワークを活用することで，より一層の効果が期待できる。また，電子帳簿などの会計情報のネットワーク化に必要な条件も整備されつつある。

③ リアルタイムに更新される統合データベース上の会計情報は，SCMなどの業務情報との融合を通じて，とくに経営者のための管理会計目的で一層有用なものとなる。会計情報と業務情報の融合化をさらに進めたERPの導入は，会計担当者に期待される役割に変化をもたらす可能性がある。

第1節　企業経営と会計

1．経営における会計の役割

（1）　会計機能の本質

　アメリカ会計学会による会計理論の報告書であるASOBATでは，会計について「情報の利用者が事情に精通して判断や意思決定を行なうことができるように，経済的情報を識別し，測定し，伝達するプロセス」と定義している[1]。ここでの情報の利用者は，企業を想定すると株主，債権者，税務当局のほか，経営者や労働組合などの多岐にわたる。
　企業に資金を提供する債権者にとって，資金の回収可能性は最大の関心事であり，資金提供の可否，提供金額および期間などの意思決定を要する。また，債権者よりも大きな資金回収リスクを負う見返りに利益配当の権利を得る株主にとって，企業の収益獲得能力は最大の関心事であり，将来性がある企業とない企業を取捨選択する意思決定を要する。一方，債権者および株主から資金を託された経営者も，その受託責任を果たすため，採算が高い資金運用方法を選択する意思決定を迫られる。
　いずれの立場であっても，合理的な意思決定を行なうには十分な情報が不可欠であるが，一般的にその情報の多くは会計を通じて提供される。会計とは，これらの意思決定に有用な情報を創出する一連のプロセスであり，本質的に情報システムの性格を有している。

（2）　企業経営との関係

　企業経営の要素としてはヒト，モノ，カネ，情報が挙げられるが，債権者および株主から提供されたカネは，商品や機械設備などのモノとなり，ヒトや情報を駆使した生産，販売活動を通じて再びカネの形で回収されていく。利益とは，回収したカネが当初に提供されたカネを上回った差額であり，債権者への

利息，株主への配当，税務当局への納税，従業員への給料などに配分するための原資となる。

　企業の業績とは，一定期間のヒト，モノ，カネ，情報の動きの積み重ねであり，その巧拙が企業間格差を生み出していく。会計は，これら一連の動きによる経済的情報を識別，測定，伝達するプロセスであり，生産，販売および人的資源システムなどと並ぶものとして，企業経営全般にかかる経営情報システムの一翼を担っている。

　経営情報システムにおける位置づけは，企業規模や組織形態などに応じて異なるものの，企業経営の羅針盤的な役割を果たし，経営者の成績通知表ともいえる財務諸表を作成する会計情報システムは不可欠である。なお，会計と不可分な関係にある簿記は，一定の経済事象を会計情報に変換するための記録方法と位置づけることができる[2]。

2．外部報告のための会計

（1）財務会計の機能

　前述のように，会計情報の利用者は多岐にわたるが，このうち株主，債権者，税務当局などの企業外部の利害関係者に対して，企業の業績を報告するための会計を財務会計という。なお，財務会計のうち，法律制度の枠内で行なわれる会計は制度会計と呼ばれる[3]。わが国では，金融商品取引法，会社法および税法の規制があるため，制度会計には金融商品取引法会計，会社法会計および税務会計の3つがある。

　企業が稼得した利益は，株主，債権者，税務当局などの外部利害関係者に対する配分額の共通原資となるが，金融商品取引法は投資者保護，会社法は債権者保護，税法は課税の公平と各々の法律が目指す使命は異なっている。したがって，3つの会計の目的はいずれも適正な利益の計算にあるが，金融商品取引法会計は証券投資の意思決定に役立つ利益情報の提供，会社法会計は剰余金の配当可能限度額の計算，税務会計は課税所得の計算といったように各々の力点が異なるため，財務諸表の様式や開示のほか，利益概念も異なる場合がある。

いずれにしても，各々には法的強制力があるため，企業会計の実務はこれらの法律と密接な関係にある。

(2) 報告手段としての財務諸表

企業外部の利害関係者に対し，企業の業績を報告する財務会計において，その報告手段に用いられるのが財務諸表である。財務諸表は企業の財政状態を報告する貸借対照表，経営成績を報告する損益計算書，キャッシュフローの状況を報告するキャッシュフロー計算書などから構成される。

貸借対照表とは，1会計期間の末日である決算日に保有するすべての資産，負債および純資産を一表に集めたものであり，企業による資金の運用（資産）と調達（負債，純資産）の内訳やバランスなどを知ることができる。損益計算書とは，1会計期間に属するすべての収益および費用を一表に集めたものであり，企業の経営努力の成果である損益の発生原因などを知ることができる。キャッシュフロー計算書とは，1会計期間での実際の現金などの動きを活動別（営業，投資，財務）に区分したものであり，支払能力や会計上の利益と実際の現金との乖離などを知ることができる。

なお，制度会計における財務諸表は，各々の法定期限までに作成する必要があるため[4]，小規模な企業でも何らかの形で情報技術（IT）が活用されている。

3．内部報告のための会計

(1) 管理会計の機能

企業外部の利害関係者に報告する財務会計に対して，企業内部の利害関係者である経営者などに，意思決定または業績評価に有用な会計情報を報告する会計を管理会計という。

不特定多数を対象として，利益分配という直接的な利害調整にかかわる財務会計では，あらかじめ利害関係者間で合意された会計基準に従う必要がある。

一方，会計情報の利用者が企業内部の経営者などに限られる管理会計では，経営者自らが意思決定，または組織の業績管理に最も適合する基準を作成し，

それに従えば足りるため，その内容は企業ごとに異なることになる。また，制度会計のように法律にとらわれる必要がないため，ファイナンス，行動科学，心理学などのほかの研究分野の成果を積極的に活用することができる。たとえば，制度会計上の配当金は利益処分であり，費用という意識はないが，ファイナンスを応用した管理会計では，提供された資金の対価として支払利息と同列にみなし（税効果を除く），投資の採算計算などの資本コストに含まれることになる。

いずれにしても，経営者などの意思決定や業績評価の手段となる管理会計は，企業の経営方針や組織運営と密接な関係にある。

（2） 業績評価と意思決定のための会計

管理会計は，目標値を設定し，その達成度合を測定することで責任者の業績を明らかにする業績評価会計のほか，設備投資計画や長期経営計画などのための意思決定会計の2つに大別することができる[5]。

業績評価会計では，責任単位（支店，部門，製品，個人など）に課せられた業務ごとにあらかじめ設定された目標に対して，どの程度達成したかの評価に有用な情報を提供することにより，管理者の行動に影響を与えて組織目的や経営戦略の効果的な実現を図ることを目的とする。したがって，経営組織や経営戦略のみならず，動機づけに関する人事考課とも密接な関係にある。

一方，意思決定会計では，設備投資に代表される投資案件などについて，代替案の評価や選択の意思決定に有用な情報を提供することにより，経営者の職能支援を図ることを目的とする。なお，投資期間が長期に及ぶ場合には，同じ収益額でも入金時期が異なれば経済的価値も異なるため，貨幣の時間価値を反映するなどファイナンスと密接な関係にある。

以上がネットワーク化の対象となる会計の基本的な構造であるが，これを図で示すと図表9-1の通りとなる。

図表9-1 会計の基本構造

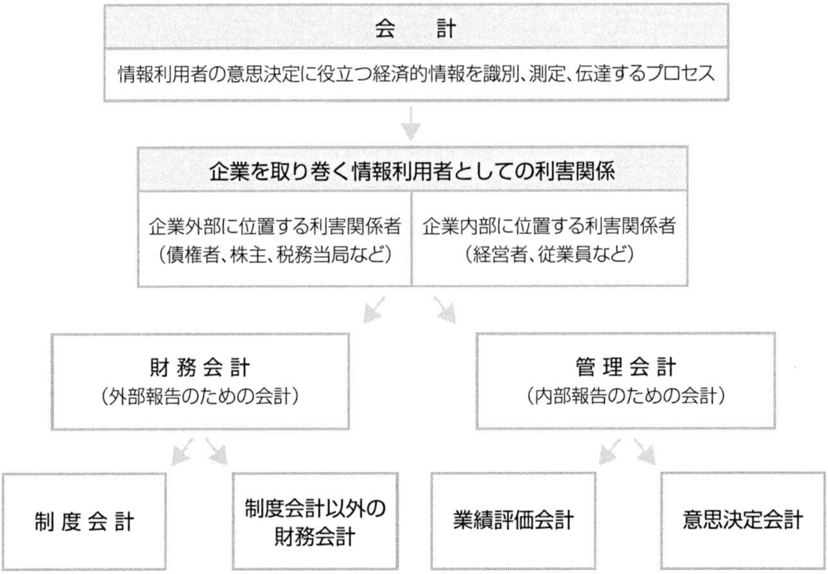

出所：筆者作成。

第2節 会計情報のネットワーク化

1．企業内ネットワークの活用

（1） 業務効率化の視点

　前述のように，財務会計における財務諸表は，1会計期間に発生する膨大な取引の集積であるため，何らかの形でITが活用されているが，営業拠点の増加に応じて拠点ごとの会計情報をネットワークでつなぐなど，ITの活用方法が高度化していく。

　たとえば，同一企業内に複数の支店や工場などが存在する場合には，各拠点での経理処理の結果を本店で統合して本支店合併の財務諸表を作成する必要が

ある。また，企業集団の連結財務諸表を作成する場合には，各子会社および関連会社の財務諸表などを親会社で統合する作業が必要となる。これらの作業は，制度会計ならば法定期限までに，管理会計ならば経営者が求める期限までに行なうことになるが，企業(集団)内部の各営業拠点の会計情報システムをネットワーク化することにより，集計期間の短縮や手作業による誤りを減らすなどの業務の効率化を図ることができる。

また，最近では，企業内部の経費精算について，従来の紙ベース管理から電子稟議・承認を経て支払者の銀行預金口座などに振り込むペーパーレス，キャッシュレス管理が進んでいる。これも会計情報の企業内ネットワーク化を通じた業務効率の改善策とみることができる。

(2) 企業価値の創造の視点

企業内ネットワークによる会計情報の活用は，管理会計の役割向上を通じて企業価値の創造を図ることが期待される。有用な会計情報とは，意思決定の目的に適合しているほか，経営者が意思決定を下す時期までに当該情報を利用可能とする適時性が求められる。とくに，目標と実績の差異分析から問題点を把握し，改善策の立案，実行を通じて企業価値を高めることを目的とする業績評価会計にとって，問題把握のための差異分析は手段にすぎない。したがって，分析作業よりも改善策の立案・検討などに時間を振り分けるためにも，会計情報の企業内ネットワーク化が求められる。

また，会計は金銭収支の管理と密接な関係にあるが，会計情報の企業(集団)内ネットワーク化は，資金の有効な運用・調達を通じた企業価値の創造を可能とする。たとえば，CMS (Cash Management System) とは，各営業拠点が有する資金を一元管理するシステムであり，資金が余剰な拠点から不足している拠点への資金振り替え，グループ全体からみた借入金額の圧縮などの企業(集団)内資源の有効活用を可能とする[6]。このように，会計情報の企業内ネットワーク化の進展は，紙ベースやスタンドアロン型運営と比較して，企業価値の創造機会を増加させることになる。

2. 企業外ネットワークの活用

(1) 業務効率化の視点

　会計情報のネットワーク化による業務効率化は、企業(集団)の外部に拡大することで格段と向上する。たとえば、企業の販売活動は売上債権の回収事務まで含まれるが、請求もれは企業に損失を与える一方、二重請求はクレームによる顧客離れの原因となるため、顧客ごとの売上債権の回収事務には正確性が要求される。いわゆる"消し込み"作業は、会計帳簿である得意先元帳の記帳と連動するが、得意先からの入金形態が銀行振り込みでも一件ごとに照合する必要があるため、業種によってはかなりの作業量となる。

　この問題については、企業外ネットワークである金融機関の代金決済サービスと企業内部の会計情報システムを関連づけることで、消し込み作業の効率化を図ることができる[7]。消し込み作業を容易とする企業外ネットワークの活用は電子商取引に不可欠であり、信用限度枠の超過や余裕などを瞬時に把握できるなどの顧客に対する与信管理にも役立つ。企業外ネットワークの接続にはセキュリティなどの問題があるが、その点を解決すれば対外取引に関連する会計帳簿の記帳作業の合理化など、企業内ネットワークのみの活用と比較して、より一層の業務効率化の展望が開けることになる。

(2) 企業価値の創造の視点

　企業外ネットワークとの接続によるオープン化は、電子商取引にかかるEDI (Electronic Data Interchange)やCALS (Commerce At Light Speed)からの業務情報と会計情報の融合を容易とすることで、新たな収益獲得機会の拡大が期待される。

　たとえば、貿易取引では、船会社が発行する船荷証券、輸入業者の取引銀行が発行する信用状、保険会社が発行する保険証券などの船積書類が必要であり、これらが完全にそろわないと資金決済や商品引き取りなどに支障が生じる。この問題を解決するため、貿易取引の関連当事者をネットワークで接続し

たものに貿易金融EDIがある[8]。

従来の紙ベースでは，実際に船積書類を入手して，商品を引き取るまでに時間を要するため，船積書類の不備や遅延にかかる管理コストが発生したり，その間の商品在庫や資金の積み増しを要したりするなどの負担を余儀なくされていた。一方，貿易金融EDIでは，関係者が参画するネットワーク上で貿易取引が完結するため，手作業による誤りや船積書類が物理的にそろわないなどを理由とする遅延はなくなる。また，貿易取引全体の流れが可視的となるため，業務手順の見直しが容易となるほか，販売や在庫，生産に関する予測精度が増すなどの管理会計機能の向上が期待できる。

以上の会計情報における企業内外ネットワークの活用について，図で示すと図表9-2の通りとなる。

図表9-2　会計情報における企業内外ネットワークの活用

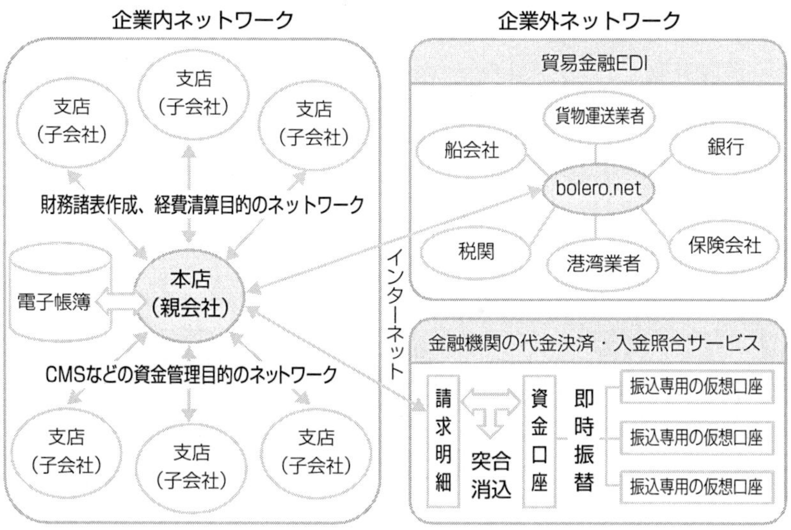

出所：筆者作成。

3．会計帳簿および開示の電子化

（1） 電子帳簿保存法の概要

前述のペーパーレス決済，売上債権の消し込み，貿易金融 EDI などの企業内外ネットワークを活用しても，その取引結果を記録する会計帳簿が紙ベースに限定されるならば，業務効率化や企業価値の創造などの効果は著しく下落する。一方，後日の税務調査や会計監査などに耐えられない会計帳簿では，財務会計機能を果たさないのも事実である。

この問題については，1998年7月施行の「電子計算機を使用して作成する国税関係帳簿書類の保存方法等の特例に関する法律（以下「電子帳簿保存法」）により，一定の要件を満たす場合には電磁的記録による会計帳簿，いわゆる電子帳簿が認められることになった。

電子帳簿保存法では，訂正・加除の履歴の確保，各帳簿間での記録の相互追跡可能性の確保，検索機能の確保ができるシステムであり，遅滞なくプリンター，ディスプレイにて見読可能となることについて税務署長の承認を受けた場合には，紙ベースに代えて電子データによる保存を認めている。また，会社法なども電子データによる会計帳簿を認めている。会計情報のネットワーク化を通じて，より一層の業務効率化，および企業価値の創造を目指す場合，取引記録を電子データで保存できる電子帳簿が公に認められた意義は大きい[9]。

（2） 開示の電子化

電子化は会計帳簿だけではなく，外部利害関係者に対する企業業績の報告手段である財務諸表の開示にも認められる傾向にある。

旧商法で規定されていた貸借対照表などの公告方法は，費用が高い新聞または官報に限られていたことから，公告義務がほとんど果たされていなかった。この問題については，2001年の改正にてインターネット上のホームページに掲載する方法も認められることになった。また，株主総会の招集通知や議決権行使にかかる投票もインターネットを通じて可能になるなど，会社法でもネット

ワーク化に対応する措置が取られている。

　金融商品取引法上の有価証券報告書などの開示書類もEDINET（Electronic Disclosure for Investor's NETwork）が稼動し，2001年から従来の紙ベースまたはHTML（Hyper Text Markup Language）形式による電子提出の選択制となり，2004年からは電子提出に一本化されている。さらに2008年からは財務諸表の本表部分について，XBRL（eXtensible Business Reporting Language）形式での提出となる。紙ベースと異なり，電子開示システムのEDINETであれば財務諸表作成者側の負担軽減のほか，個人投資家でもインターネットを通じて容易に投資情報の収集・加工ができるなどの利点がある[10]。また，税務でも，2004年から国税電子申告・納税システム（e-Tax）が稼動し，最終的には全税目の申告，納税，申請・届出などがインターネットを通じて可能になるなどのネットワークの利用が進んでいる。

第3節　ネットワークによる会計情報と業務情報の融合化

1．会計情報システムの変遷

（1）　単独機能型から自動仕訳受入型までの発展

　数値を用いる会計は手続きが確立していることもあり，会計情報システムとして比較的早くからコンピュータ化が進められてきた。会計情報システムのコンピュータ化の変遷は，単独機能型，自動仕訳受入型，データベース型の3段階に分けられる[11]。初期の単独機能型では，バッチまたはオンライン処理にて取引記録を仕訳の形で入力し，その後の元帳転記・集計，財務諸表の作成までをコンピュータ上で処理をする。単独機能型では，他の業務システムとの関連がないため，単独でシステム化ができる反面，取引記録の入力作業負荷や仕訳形式によるデータ範囲の制約などから，次の自動仕訳受入型に発展することになる。

　自動仕訳受入型では，最初に取引が入力される販売，または人事給与などの

業務システムの内部で，会計情報システムが必要とするデータを自動的に仕訳形式に転換し，会計情報システムに引き渡す自動仕訳機能が付加されている。会計における仕訳機能を他の業務システムに移管した自動仕訳機能への発展は，データ入力作業の省力化，入力相違による誤りの減少などの効果をもたらすことになった。

（2） データベース型への発展

単独機能型および自動仕訳受入型とも，仕訳型データを必要とするほか，システム利用者に提供できる情報も従来の会計の枠にとどまるものであった。また，自動仕訳受入型では自動仕訳の種類が増加するほど，企業の情報システム全体が複雑になるなどの問題が生じ，現在ではデータベース型に移行しつつある。

データベース型とは，会計情報システムを企業全体の情報システムのサブシステムと位置づけ，会計情報システムが必要とするデータも，他の業務システムから発生した取引データも含めて，企業全体で一元管理するデータベースから検索・加工することで入手するシステムである。経営管理に必要な情報は，個々の業務システムから単独に創出されるよりも，会計を含む複数の業務システムの情報の組み合わせから得られることも多い。たとえば，会計情報システムの売上帳に販売管理システムの情報を組み合わせることで，売れ筋・死に筋商品，購入者層別の客単価などの情報が入手可能となる。また，データベースが確立すれば，新たな情報ニーズが生じても，情報の利用目的に応じた検索・加工の仕組みを構築すれば足りるなどの利点がある。

2．プロセス革新における活用

（1） 価値連鎖とBPR

前述のデータベース型システムの効果は，会計以外のできるだけ多くの業務システムが共通のデータベースを利用することにかかっている。ポーター (Porter, M. E.) は，買い手にとっての価値を作る活動のつながりを価値連鎖

(value chain)と定義し，企業の価値連鎖は購買物流，製造，出荷物流，販売・マーケティング，サービスの5つの主活動と，全般管理，人事・労務管理，技術開発，調達活動の4つの支援活動から成り立っているとする[12]。他社に対する競争優位は，個々の活動や相互間の最適化，または調整から生まれるため，個々の価値連鎖の見直しや買い手の目から不要な活動を排除することを通じて，他社よりも効率よく低コストで運営する必要がある。

　この企業活動にかかるすべての業務を横断的にとらえる価値連鎖の考え方は，個々の業務システムを統合したデータベース型システムの構造と適合している。なお，業務全体のデータベース化は，個々の活動の相互関係を可視的にするため，複数の活動にまたがるワークフローやビジネス・プロセスの分析・再設計を通じてコスト，時間，品質の改善を目指すBPR (Business Process Reengineering)に役立つと解される[13]。

（2）　価値連鎖における会計情報

　価値連鎖における会計情報は，複数の活動を相互に関連づける連結環の役割を果たすほか，他の業務情報との融合を通じて経営管理に一層役立つものとなる。たとえば，仕入先→自社→販売先までの一連の物流をチェーンとみなし，当該チェーンをつなぐ企業間ネットワーク上でデータを共有化し，在庫コストの削減と同時に供給が滞らないよう全体最適化を目指す管理方法にSCM (Supply Chain Management)がある。

　SCMでは，一連の物流をリアルタイムにとらえるため，会計情報もそれと連動することが求められ，原材料や商品などの移動と同時に材料出庫帳や商品有高帳などの補助簿に相当するデータベースもリアルタイムに更新される。この補助簿を通じた会計情報と業務情報の融合は，欠品や余剰などの在庫の動きを瞬時に可視的なものとし，各工程や営業所のリードタイムを織り込んだ所要在庫量，購入または調達時期などの計画機能として，SCMに不可欠なMRP (Material Requirement Planning)に役立つことになる。

3．業務統合における活用

(1) ERPの基本発想

　価値連鎖の概念は，前述のSCMだけではなく，他の業務も対象とすることで，より一層の効果が期待できる。企業全体の価値連鎖を対象とした管理手法であるERP（Enterprise Resource Planning）について，ERPの推進業界団体であるERP研究推進フォーラムでは「企業の事業活動における購買，生産，販売，会計，人事など，顧客に価値を提供する価値連鎖を構成するビジネス・プロセスを部門や組織にまたがって横断的に把握して，価値連鎖全体での経営資源の活用を最適化する計画，管理のための諸概念」と定義している。

　このERPの概念を情報システムに置き換えたものがERPシステムであり，SCMのほかに顧客との関係性管理に重点を置くCRM（Customer Relationship Management）などの管理方法との連携を可能とする[14]。ERPでは，異なる業務間の連携に着目するため，その導入は経営管理の視点を部分最適から全体最適に切り替えるBPR推進の手段となりうる。なお，全体最適のためには，従来業務を見直して標準化を進める必要があり，現場の反発が予想される一方，現場への過度な迎合は全体最適を目指すERP本来の趣旨を損ねるなどの問題があるため，経営者による総合的な判断が必要となる。

(2) ERPにおける会計情報

　ERPにおける会計情報システムは，図表9-3が示すように，企業全体の業務活動を価値連鎖の視点から横断的に捉え，リアルタイムで更新する統合データベース型が前提となる。この段階での会計情報と業務情報は一体となり，財務諸表の早期作成などの財務会計目的だけでなく，とりわけ企業価値の創造に向けた管理会計目的での活用が期待される[15]。ERPの導入は，製造原価や損益の変化を瞬時に認知し，その原因分析のデータ入手も容易とするため，経営者による迅速な対策が可能となる。また，販売部門の受注状況，製造部門の生産状況などの情報を相互の部門がリアルタイムに共有できるため，個々の部門

図表9-3　ERPにおける会計情報システム

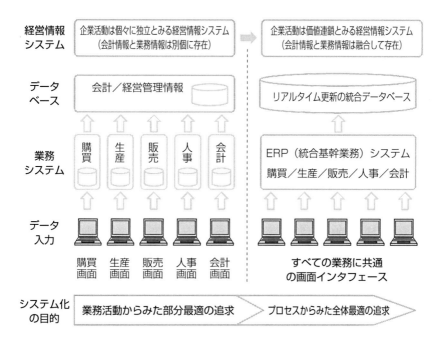

出所：筆者作成。

からの報告を待つことなく，刻々の価格交渉に必要な情報が得られる。

　全社的な情報の共有化を可能とするERPシステムでは，情報を必要とする部門が必要な時期に自ら統合データベースからデータを検索・加工して，意思決定の内容に応じた情報を入手することから，過去指向，または定型的な業務報告にかかる会計機能は不要となっていく。その代わりに，将来指向，または非定型的な戦略計画にかかる会計機能などが求められるなど，ERPは会計担当者に期待される役割に変化をもたらす可能性がある。

> コラム

IT・ネットワーク化が後押しする会計基準のコンバージェンス

　財務諸表作成の基礎となる会計基準について，2008年5月現在で109ヵ国の国々が自国の上場企業に対して国際財務報告基準(IFRS)の使用を要求または認めている。欧州連合(EU)は2005年からEU域内企業に対して，IFRSに基づく連結財務諸表の作成を義務付けるほか，自国会計基準を維持する日本やアメリカはIFRSとの主な差異を解消するプロジェクトを進めるなど，会計基準のコンバージェンス(convergence；収斂)はIFRSを軸に進展している。会計基準のコンバージェンスによる便益について，世界中に数多くの子会社を有する多国籍企業を例に財務諸表作成者側からみると，子会社単位では進出国の会計基準に準拠し，連結単位では親会社の会計基準となるように調整するコストの削減が挙げられる。次にアナリストを例に財務諸表利用者側からみると，世界中の企業を同じ基準で分析・評価できることから情報の比較可能性が確保され，意思決定の精度が向上する点が挙げられる。

　会計基準のコンバージェンスは財務諸表作成者および利用者の双方に便益があるが，それを実際に享受するためには財務諸表データを統一様式でデジタル化する必要がある。すべての財務諸表がIFRSという同一の会計基準で作成されても，言語の翻訳や分析の事前作業に膨大な機械入力・転記を要するならば，コスト削減や付加価値の高い意思決定などの効果が薄れるためである。統一様式に基づく財務諸表データのデジタル化では，データ交換の容易性，情報収集の加工・分析の自在性，多言語の適用可能性，目的の拡張性，技術としての国際標準性などが求められるが，現時点でこれらの要件を満たすものとしてXBRLがデファクト・スタンダードとなっている。XBRLの世界的な開発・普及活動は40ヵ国以上，550を超える参加企業・団体によって推進され(2007年9月現在)，国際会計基準審議会(IASB)も参画してXBRLを利用したIFRSタクソノミーを開発している。XBRLの利点は，データベースにアクセスすれば必要なデータを自由に利用・分析できる点である。複数存在する会計基準から財務諸表作成者および利用者がIFRSを選択・採用すれば，IFRSベースのXBRLデータベースは充実する一方，他の会計基準のXBRLデータベースは弱体化，孤立化することで市場から淘汰される。XBRLによる会計情報のIT・ネットワーク化は，理論だけでは決着がつきにくい会計基準のコンバージェンスを現場から後押しする効果が期待される。

《設問》
① 会計情報のネットワーク化が企業活動にもたらす効果について，業務効率化の視点および企業価値の創造の視点の両面から述べなさい。
② 会計情報とそれ以外の業務情報の融合化について，企業の価値連鎖，BPRおよびERPの関係から述べなさい。

《注》
（1） AAA（訳書）〔1969〕p. 2。
（2） 簿記を適用業種の観点から分類すると，加工活動を伴なう製造業向けの工業簿記，商社，卸売，小売業向けの商業簿記，特殊な商慣行を反映した銀行簿記，建設簿記などがある。
（3） 制度会計以外の財務会計としては，物価変動会計，人的資源会計，社会責任会計などがある。
（4） 会計期間について，会社法会計および税務会計は通常1年決算を想定しているが，金融商品取引法会計は1年間のほかに適時開示の観点から四半期（3ヵ月）決算が導入されている。
（5） 管理会計の体系については，岡本・廣本・尾畑・挽〔2008〕pp. 12-16を参照。
（6） CMSには国内拠点だけではなく，海外拠点が保有する外貨資金も対象とする国際CMSがある。これによると，グループ間で外貨建債権債務を相殺できるため，為替決済や為替リスクヘッジ手数料の削減，為替リスク管理が容易になるなどの利点がある。
（7） 仕組みとしては，実際の資金口座のほかに取引先の数だけの仮想口座番号を用意して，振込名と名称の不一致などの問題を解消する。詳しくはベリングポイント〔2003〕pp. 142-145を参照。
（8） 貿易金融EDIとしては，国際港湾関係者による相互保険組合のTT Clubおよび国際金融通信サービス共同組合のSWIFTなどを母体するbolero.netなどがある。
（9） 電子帳簿の利点と問題点，導入事例については，島田〔1999〕を参照。
（10） 東京証券取引所の適時開示情報伝達システムであるTDnetでは，2008年7月より決算短信の要約情報，基本財務諸表及び業績・配当予想の修正についてXBRL化している。
（11） 詳しくは青木〔1996〕pp. 125-140, 田宮・榊〔1998〕pp. 19-37を参照。
（12） Porter（訳書）〔1985〕pp. 45-61。
（13） BPRについては，Hammer and Champy（訳書）〔1993〕を参照。

(14) 主なERPパッケージとしてはR/3(ドイツ・SAP社)，Oracle EBS(アメリカ・Oracle社)，Baan-ERP(オランダ・Baan社)などがある。
(15) ERPと管理会計の関係については，浅田・頼・鈴木・中川・佐々木〔2005〕を参照。

《参考文献》

American Accounting Association (AAA) 〔1966〕*A Statement of Basic Accounting Theory*, American Accounting Association. (訳書，飯野利夫訳〔1969〕『アメリカ会計学会基礎的会計理論』国元書房。)
青木武典〔1996〕『会計情報システム』日科技連出版社。
浅田孝幸・頼 誠・鈴木研一・中川 優・佐々木郁子〔2005〕『管理会計・入門〔新版〕』有斐閣。
Hammer, M. and J. Champy 〔1993〕*Reengineering the Corporation*, Harper Business. (訳書，野中郁次郎監訳〔1993〕『リエンジニアリング革命』日本経済新聞社。)
岡本 清・廣本敏郎・尾畑 裕・挽 文子〔2008〕『管理会計 第2版』中央経済社。
Porter, M. E. 〔1985〕*Competitive Advantage*, Free Press. (訳書，土岐 坤・中辻萬治・小野寺武夫訳〔1985〕『競争優位の戦略』ダイヤモンド社。)
島田裕次〔1999〕『電子帳簿・帳票とビジネス改革』日科技連出版社。
田宮治雄・榊 俊作〔1998〕『会計情報システム設計ハンドブック』中央経済社。
ベリングポイント〔2003〕『[新版]戦略経理マネジメント』生産性出版。

(吉田　康英)

第10章

情報システム開発とネットワーク

―本章のまとめ―

① 情報システムの開発動機は，もともと企業目的を高度に達成するための業務連携の支援にあったが，技術不足などのため，なかなか実現には至らなかった。コンピュータ機器やソフトウェアが自由に結合できるオープンシステム環境で稼動するソフトウェア・パッケージの時代に至り，ようやく情報システムによる業務連携の統合がどの企業においても現実的になった。

② インターネットの時代を迎えると，ブラウザ・ソフトウェアや携帯電話でアクセスできる人すべてが新ビジネスの対象候補となり，それを支援する情報システムの開発が促されたが，一方で情報リテラシーやセキュリティにかかわる新たな運用課題も生まれた。

③ XMLという半構造データを扱える技術が，従来の固定フォーマットでは扱えない柔軟なデータ処理を可能にし，新たなドキュメント・コミュニケーションやヘテロ（異質）なシステムの統合の可能性を開きつつある。

第1節　大型汎用コンピュータ時代の情報システム開発

1．部門指向の情報システム開発

情報システムは，企業目的を実現するために開発される。企業は事業目標を

高度に達成するために，販売，仕入，経理，生産など，多様な業務機能の体系的連動を求める。そのためには，業務機能間の緊密な情報連携に基づく円滑な資源連携が必要である。たとえば，流通業の場合，販売業務を効果的に進めるためには，高い商品力を持つ商品をより安い価格で，品切れをきたすことなく消費者に提供しなければならないが，そのためにはより有利な条件で仕入業務を進める必要がある。また，製造業の場合，より効率的でロスの少ない商品作りを目指さなければならないが，そのためには適切な販売見込み情報や，タイムリーな資材発注を行なわなければならない。こうした業務連携を実現させようとすれば，業務部門個別の利害を超えて，全社的な利害レベルで業務連携のあり方が求められることになる。

　情報システムという言葉には，企業の専門分化された業務機能を情報の力で体系的に連動させたい，という含意がある。体系的に連動させることのできるバックボーンには，情報を授受する電子的／非電子的な機構的ルートとしての情報ネットワークがある。情報システムの開発に対する経営トップの期待は，その黎明期のMIS時代（1960年代後半から70年代前半）から，企業目的の達成のための業務間の連携にあった。MISのオピニオンリーダーの1人として著名だった南澤が，当時を振り返りつつ描いたMISの三角形には，情報システムに支えられた全社統合システムの理念的イメージが示されている[1]。

　しかし，現実には，その初期の手痛い失敗から，どの企業においても業務部門個々の情報化から手がけることになった。失敗の背景には，当時のデータ通信やコンピュータの能力不足や，全社的情報システムの構築方法の不在などの理由があった。いずれにせよ，情報システムの構築は，"部門の部門による部門のための開発"の時代がこの後しばらく続く。ある部門システムを構築したら次の部門システムの構築に取りかかる，という次第で，部門指向の情報システムが順次構築されていった。当然，情報ネットワークは部門内においては密結合，部門間においては疎結合となる。利害が対立する部門間の利害調整は部門利害を代表する人間同士の人的ネットワークによって解決され，情報システムの出る幕はなかった。

2. 統合情報システム構築への気運

(1) システム統合と全社データベース

　1980年代の半ばに入り，再び全社を統合する情報システムの構築への気運が燃えあがった。「戦略的情報システム(SIS)」「全社統合情報システム」などという言葉が氾濫し，1970年代にノラン(Nolan, R. L.)によって提示された情報システム発展の6段階説などが，情報化投資のための大型予算獲得への説得資料として引っ張りだこになった[2]。ノランの発展段階説がもてはやされたのは，「情報システムを統合するためには，部門ごとに構築されたデータベース(DB)を整理して全社データベースに再構築しなければならない」という主張がそこに示されていたからである。部門サブシステムが部門利害にのみ顔を向けて作られる限り，部門データベースは部門指向の構造となり，他部門には利用しにくい。このような状況での全社システムの構築は，部門サブシステム間のインタフェースを複雑にするばかりか，システムやデータベースのメンテナンスをも難しくする。部門指向のデータベースの撤廃は，全社情報システムの構築に不可欠なのである。なお，全社データベースは必ずしも物理的に1ヵ所に統合されている必要はなく，データ同士の整合性が論理的に保証されればどこに格納されていてもよい。このような考えを「データベースの論理統合」という。ただし，物理分散したデータベースを論理統合する連携を構築するには，高度のデータ管理技術が必要である。

(2) システム開発管理方法論

　この頃，大規模情報システムを構築するための開発管理方法論が，コンピュータ・メーカーやコンサルティング会社によって整備され，競って導入がなされた[3]。これらの方法論は，ベーム(Boehm, B. W.)によって理論的に枠組みづけられたウォーターフォール指向のフェーズド(段階的)アプローチを採用し，フェーズ名の相違はあれ，①システム全体計画，②システム基本設計，③システム詳細設計，④プログラム仕様設計，⑤プログラム開発，⑥結合テス

ト，⑦システムテスト，⑧本番運用，の進行イメージはおおむね一致していた[4]。システム全体計画では，全体を構成するサブシステム群（販売業務や経理業務などの部門業務に対応）を認識し，システム基本設計ではシステム全体計画で決定したインタフェース仕様に基づきサブシステム仕様（仕事の流れ）を決定する。システム詳細設計では，システム基本設計で定めたサブシステム仕様に基づきプロセジャ仕様（手続きの流れ）や画面帳票仕様を決定し，プログラム仕様設計に引き継ぐ。また，これらと並行して，データベースやコンピュータ・ネットワークの仕様を固める。プログラム開発フェーズの成果物は結合テストで動作確認し，利用者も参画した本番イメージのシステムテストに渡される。システムテストに合格したら，適切な業務日程を選び，万全のバックアップ体制を整えて本番移行（カットオーバー）する。

　このようなアプローチを「トップダウン設計＆ボトムアップ構築」と呼び，情報システムは，各フェーズにおける個々の分割設計のなかで徐々にインタフェース仕様が明確にされ，実装されていく。主要なインタフェースはデータベースを媒介とするが，電話，ファックス，伝票帳票類，磁気テープ，データ伝送によるインタフェースなどもあり，その媒体は多様である。分割によって認識された仕様検討範囲はやがて実装時に組立単位となるので，すべてのインタフェースが明確にならない限り次のフェーズに進めてはならない，とするのがこのアプローチの主張である。時間はかかるがユーザー要求を確実にシステム仕様に反映するうえでは有効な手法であった。

　図表10-1は，この時代のある会社の営業部が要望した受注サブシステムのイメージである。長方形は業務処理（右上斜線のものはコンピュータ利用業務）を，網かけの長方形は他サブシステムを，八角形はシステム外部の利害関係者を，直線は情報の授受関係を表している。このような図は業務機能関連図とかデータフロー・ダイヤグラムと呼ばれ，システム全体設計やシステム基本設計で仕様検討するときに使われる。この図から，受注サブシステムは，在庫管理サブシステムや物流サブシステムと分散システム結合[5]していることがわかる。営業部では，できるだけ顧客要求に対応できる仕組みを作りたいと考え，緊急受注を積極的に受け入れる流れをこの図のなかに盛り込んだ。ところが，

この図は，在庫管理サブシステムや物流サブシステムを担当する物流部門には，管理業務に混乱をきたすとして大いに不満であった。その結果，緊急受注の長方形の扱いをめぐって部門間で利害が対立した。上手なロジスティックス手法を導入すれば利害対立は解消したかもしれないが，実際には部門エゴが排除できず，インタフェースを綿密に確定しないまま次フェーズに問題を持ち越

図表10-1　受注サブシステムの業務機能関連図の例

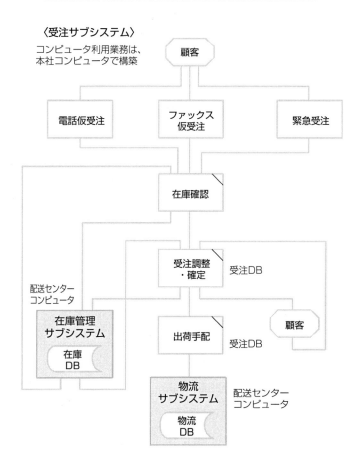

出所：筆者作成。

した。

　情報システムの開発は，全社データベースの構築をベースとする全社統合情報システムの構築へと向かう"はず"だった。だが，現実には，システム開発プロジェクトはしばしば部門利害の生々しい衝突の場となり，多くのシステム開発は利害調整不調のまま，全社統合システムの真の構築を"次の課題"に残しつつ，カットオーバーの日を迎えた。とはいえ，この時期の多くのシステム開発では，互いのシステムを結合するのに最低限必要な情報インタフェースをオンライン・ネットワーク共有できるところまでは到達できた。他部門が自部門に対し何を情報として欲しているかがようやく互いにわかるようになったのである。

(3) システム・アーキテクチャ

　この時期，メインフレーマー(大型汎用コンピュータ・メーカーの別称)は，各社独自のシステム・アーキテクチャ[6]を支える——大型汎用コンピュータ，データベース管理システム，トランザクション処理モニタ[7]，フロントエンド・プロセッサ[8]，端末ワークステーション[9]などの——プロダクト・ラインナップが出そろい，全社情報システム化に合わせてコンピュータ体系のリプレース(全面買い替え)を喚起する販売合戦が演じられた。当時，これらの製品群は，各社独自(proprietary)の標準ネットワーク仕様で結ばれていたため，利用企業側で好みの製品を組み合わせてシステム構築することは難しかった。企業は，メインフレーマーが供給する独自標準技術の習得を通して，自社の情報部門内に熟練技術者を育て，システム開発ノウハウを蓄積していった。それが企業競争力の源泉になると信じられた時代であった。このシステム・アーキテクチャで構築された大規模オンライン・システムの一部(バンキング・システムなど)は，現在も企業の基幹情報システムとして稼動しており，企業資産の地位を確保している。

第2節　オープンシステム時代の情報システム開発

1．クライアント／サーバー導入とパッケージ指向

　1980年代後半から90年代に，クライアント／サーバー・システムの時期を迎えると，システム開発はソフトウェア・パッケージを購入し，自部門向けにカスタマイズして導入するケースが多くなる。ここにはクライアント／サーバーという新しい方式の十分なノウハウ蓄積がないままシステム開発を行なうことへの不安のほか，パッケージ導入の方がコスト・パフォーマンス面で有利という判断があった。クライアント／サーバーは，LANを介してサーバー側コンピュータとクライアント側（利用者端末）コンピュータが役割分担する実装方式だが，可能な方式は数種類あり，それぞれの技術変動が激しいため，自社技術者だけで開発することはもはや限界があった。ソフトウェア・パッケージを導入すれば，少なくとも品質維持の保証責任はパッケージ・ベンダーに転嫁することができる。

　クライアント／サーバー型のアーキテクチャは，オープンシステム結合への流れを促した。ホスト端末型の結合と異なり，すべての機器は1つのLAN上に物理的に結合しており，ネットワーク・プロトコルも，ネットワーク上のデータベース・インタフェース規格も標準化し，パソコンの基本ソフトがWindowsに実質標準化すると，利用企業はいやおうなしにLAN上のすべての機器の自由な結合を要求するようになる。オープンシステム化が促進すると，オープンシステム上で稼動するソフトウェア・パッケージの流通が加速し，適用業務からユーティリティまでのあらゆる分野のソフトウェア・パッケージの市場が成長する。こうなると，利用企業はコンピュータだけでなく，ソフトウェア・パッケージをも自由に組み合わせて最適の情報システム構築を目指せるようになる。ところが，皮肉なことに，この頃になると利用企業は最適なシステム要素の組み合わせを自らの力で選ぶ能力を失い始めていたのである。

オープンシステム・ベースの情報システムを構築しようとするとき，適用可能なコンピュータとソフトウェア・パッケージの組み合わせを検討したくても，利用企業にはもはや製品情報を収集する時間も評価ノウハウもなかった。そこで，利用企業は外部の専門家に最適な組み合わせ方の助言を求めるようになる。ここで登場するのが，システム・インテグレータ(SI)事業者である。複雑化するシステム・アーキテクチャの可能性のなかから適切な組み合わせを選び，最も企業パフォーマンスが高くなるシステム統合を提案できる能力がSI事業者の新たなコア・コンピタンスとなる。かくして，SI事業者に依存する利用企業はますますシステム開発管理能力を失い，SIアウトソーシングによるソフトウェア・パッケージ型開発への傾斜を高めていく。その最も典型的な例が，ERP (Enterprise Resource Planning)パッケージの導入である。ERPパッケージはビジネスルールから，アプリケーションロジック，画面帳票仕様，データベース構造にいたるトータル・アーキテクチャの「まるごとの受け入れ」を利用企業に訴えるソフトウェア・パッケージであり，「ソフトウェアの最適な組み合わせ」という考えそのものの放棄を利用企業に迫る。このとき，利用企業は「自社のやり方」と「ERPのやり方」の冷厳な選択の場に立たされた。情報の力による業務連携への長年の課題が，ERPパッケージ導入という思わぬ形で実現をみる企業がこの時期かなり増えた。

2．インターネット時代の新たな開発課題

（1） ブラウザ利用のビジネス・システム

インターネットの利用が広がり，パソコンのブラウザによる情報閲覧が普及すると，ブラウザ向けに企業情報を発信する新たな情報システム利用が重要度を増し，やがてブラウザに情報表示するだけでなく，ブラウザのデータエントリ機能を利用した新たなビジネス取引が生み出された。"インターネット接続"という誰でも容易に導入可能な情報環境がビジネス取引のベースとなったことで，誰もがビジネス取引の参加資格者となった。このことにより，ビジネス・マーケットは大きく広がったが，その一方で，取引当事者をつなぐネット

ワーク内にさまざまな"悪意の関与者"の介入チャンスも広がり，コンピュータ・ウィルス，ハッキング，スパイウェア[(10)]などが問題化し，インターネットを利用した情報システムの開発は，こうしたネットワーク・リスクへの対処を盛り込むことが必須となった。

インターネットを用いたビジネス・システムについては，企業同士（Business to Business：B2B），企業と消費者（Business to Consumer：B2C），企業同士と消費者（Business to Business to Consumer：B2B2C），消費者同士（Consumer to Consumer：C2C）などさまざまな利用形態があるが，ブラウザを用いた企業間の情報システムを開発する場合，利用者認証と，ビジネス・プロセス確定をどのように行なうかが最重要という点では同じである。

不特定多数の人が利用可能な端末からのアクセスに対しては，従来型の情報システム以上に利用者認証の方法に留意しなければならない。パスワード漏洩に不安がある場合は，ワンタイム・パスワード方式の導入が検討される。ワンタイム・パスワードは，1度使ったら無効となるため，盗まれたパスワードが使われてもログインできない。当該パソコンでパスワードを発行すると意味がないため，特別な発行器や携帯電話サイトを利用することになる。

ビジネス・プロセス確定については，とくにB2Cの場合，操作訓練を受けていない利用者を，ブラウザのナビゲーションだけでどのように確実に取引の完了まで誘導するか，という点がシステム開発上の課題となる。利用者はサイト内のさまざまなページを這い回る傾向があり，閲覧途中でうっかりブラウザを終了したり，「キャンセル」すべきところを誤操作して「確定」したりしてしまうこともある。そのようなわけで，多くのB2Cサイトでは，「確定」処理後に本人あてに内容確認メールを送付する仕組みや，「確定」前に内容確認画面を表示し，プリントアウトを促す仕組みなどを採用している。

（2）イントラネット

企業内LANにふたたび目を向けると，LANはいろいろなプロトコルのコミュニケーションによって共有されていた。利用者はクライアント／サーバー用ソフトウェア・パッケージがインストールされたものと同じパソコンで，ファ

イルサーバーを利用し，LAN経由でインターネットにアクセスしていた。インターネット技術を利用して情報システムを構築すれば，クライアント／サーバーのごとくクライアント側パソコンにビジネス・ソフトウェアの一部をインストールすることなく，ビジネス・システムを構築することができる。また，LAN内のデータは，インターネットとの接続ポイント前でせき止めれば外部に流出することはない。そのような考えで開発された新たなシステム構築方式がイントラネットであり，急速に普及している。ただし，ビジネス・ソフトウェアの一部をインストールしなければ稼動しないクライアント／サーバー方式の方がセキュリティに強いので，LAN内の不特定多数のパソコンで利用したい場合はイントラネット方式で，パソコンを特定したい場合はクライアント／サーバー方式で，というように，セキュリティレベルを分けて情報システム開発されることが多い。

（3） 携帯サイトの登場

　携帯電話にはiモード(NTTドコモ)，Yahoo!ケータイ(ソフトバンク)，EZweb(au)など，通信キャリアが提供するインターネット利用サービスがある。不特定多数の消費者を対象とする企業情報システムでは，携帯電話利用者を対象とするB2Cシステムを構築する例が増えている。携帯電話の場合，通信能力や画面表示能力の制約から，各社独自の表示言語や画像仕様を採用してきたため，パソコンで標準的に表示できるページであっても必ずしも携帯電話では表示できない。また，異なる通信キャリア同士でも互換性は保証されなかった。EZwebでは，iモード仕様のページを閲覧しようとする契約者に対し自社仕様に変換表示するサービスを提供しているが完全ではない。そのようなわけで，携帯サイト向けのシステムを開発する企業は，現在のところ，上記通信キャリア3事業者向けのシステムをそれぞれ構築したり，最もシェアの大きなiモード向けのシステムのみ開発したりするなどの戦術をとっている。このように相互に異なる仕様でそれぞれのサイトサービスが展開されたが，最近，HTMLの後継仕様であるXHTMLをベースとする共通仕様化への動きが注目される[11]。また携帯電話のメールで重宝される絵文字は従来，キャリア間で

互換性が保証されなかったが，最近キャリア間の歩み寄りで大幅な互換性が確保されるようになった。

第3節　XML技術による半構造データ活用システムへの展望

1．構造的データ

　情報システム開発におけるデータ仕様の注目すべき新しい動きについて触れておこう。ホスト端末時代からクライアント／サーバー時代に至るまで，コンピュータ通信を介して伝送される取引データの形式は，あらかじめ桁数や順序の仕様が固定されていた。A社の販売情報システムとB社の仕入情報システムがネットワーク結合して，B社からA社に仕入発注するとき，「伝送管理番号(001234)，B社発注番号(00342)，発注商品番号(0298)，発注数量(035)，発注日(031205)，希望納入日(031220)」を伝える仕入発注データの構造は，構成データの桁数と順序が固定されて '001234003420298035031205031220' などと連結文字列で記述された。データ受信したA社はこの文字列をあらかじめの約束に従って，'001234｜00342｜0298｜035｜031205｜031220' のごとく分割したうえで自社の受注データベースを更新するトランザクションにさらに変換した。授受されるすべてのデータは桁数も順序も仕様があらかじめ固定された「構造的データ(structured data)」であった。

2．半構造データとXML

　ブラウザを使ったビジネス・システムの時代に入っても，しばらくはこのような構造に変わりはなかった。ブラウザから入力された値はサーバー側のCGI (Common Gateway Interface)プログラムにより処理され，データベース・サーバーの更新や参照の処理に渡されていたが，授受されるデータ仕様は依然として構造的データだった。

最近，XML (eXtensible Markup Language)を用いた新しいデータ処理の方法が注目されるようになった。XMLではホームページ記述言語のHTMLと同じく，文書情報をタグで定義された要素の階層構造で記述するが，HTMLと異なり要素の名前や構造(スキーマ)を文書ごとに自由に定義することができる。文書を構成する要素の名前や意味が共有できれば，A社とB社で取りかわされるデータは要素単位で授受すればよく，構造的データである必要はなくなる。要素の名前と意味が共有できる程度にゆるやかに構造化されたデータを「半構造データ(semi-structured data)」と呼ぶ。半構造データの共有で，相互に誤解のないコミュニケーションが確立できれば，従来よりも低コストでビジネス・コミュニケーションを支援する情報システムの構築が可能になる。たとえば，図表10-2のように，2つの〈プランイメージ〉要素からなるXML文書がある。階層構造をみやすくするため，1つ目の方を要素ごとに改行表示したが，HTMLと同様，改行は必須ではない。

　ところでこの文書は，〈ホテルURL〉要素がインドネシアホテルにのみ，〈付帯サービス〉要素が首里王宮ホテルにのみ定義されるなど，要素間の構成関係も記述順序も一様ではない。また，〈プランイメージ〉要素およびテキスト領域"また"をともに同列の子ノード[12]として従える〈提案プラン〉要素にみるように，型の異なる子ノードが同じ階層上に混在している。このような半構造データに対し，要素や要素属性(要素内に定義)を自由に抽出してテキストフォーマット変換できるXSLT (eXtensible Stylesheet Language Transformations)というスタイルシートが用意されている。図表10-2のXML文書に対し，HTMLを生成する図表10-3のようなXSLTスタイルシートを与えると，ブラウザ内でXML解析を担うパーサー(Parser)プログラムがこれらを解析して，HTML要素(太字斜体で強調)内にXML文書の要素値を上手にうめ込み，〈プランイメージ〉要素の(要素属性を除く)テキストを全文表示する図表10-4のようなイメージを生成する。このXSLTスタイルシートは〈提案プラン〉要素の子ノードのうち〈プランイメージ〉要素のみを要求しているため，テキスト領域"また"は非表示扱いとなっている。

　XSLTスタイルシートの与え方を変えることで，図表10-5の例をはじめ，

図表10-2　XML文書の例

```
<?XML version="1.0" encoding="sift_JIS"?>
<提案プラン>
  <プランイメージ>
    <シーズン>年末のオフ</シーズン>を
    <国内海外>海外</国内海外>
    でゆったりと過ごすプラン。
    <地域>
      <地名>インドネシア</地名>で
      <旅行期間>２泊３日</旅行期間>
      <宿泊タイプ>リゾートホテル</宿泊タイプ>
      にてすごせます。利用可能なホテルは
      <ホテル>
        <ホテル名>インドネシアホテル</ホテル名>
        <料金>1泊10,000円</料金>
        <画像 場所="http://www.hotelpict.jp/Indonesia/" />
        <ホテルURL>http://www.hotel.Indonesia/</ホテルURL>
      </ホテル>，
      <ホテル>
        <ホテル名>ホテル・バリ</ホテル名>
        <料金>1泊12,000円</料金>
        <画像 場所="http://www.hotelpict.jp/Balinese/" />
      </ホテル>
      がご用意できます。
    </地域>
  </プランイメージ>
また
<プランイメージ><シーズン>年末のオフ</シーズン>を<国内海外>国内</国内海外>でという方へのプラン。<地域><ホテル><料金>1泊8,000円</料金>で<ホテル名>首里王宮ホテル</ホテル名>の<付帯サービス>レイトショー</付帯サービス><画像 場所="http://www.hotelpict.jp/Oukyu/" />が楽しめる</ホテル><地名>沖縄</地名>旅行がお勧めです。</地域></プランイメージ>
</提案プラン>
```

図表10-3　XSLTスタイルシートの例

```
〈?XML version="1.0" encoding="Shift_JIS"?〉
〈xsl:stylesheet version="1.0" XMLns:xsl="http://www.w3.org/1999/XSL/Transform"〉
〈xsl:template match="/"〉
  〈html〉
  〈head〉
    〈title〉提案プランの表示〈/title〉
  〈/head〉
  〈body〉
    〈table〉
      〈xsl:for-each select="提案プラン/プランイメージ"〉
        〈tr〉〈td〉
          〈xsl:value-of select="." /〉
        〈hr /〉
        〈/td〉〈/tr〉
      〈/xsl:for-each〉
    〈/table〉
  〈/body〉
  〈/html〉
〈/xsl:template〉
〈/xsl:stylesheet〉
```

図表10-4　XML文書のHTMLへの変換例1

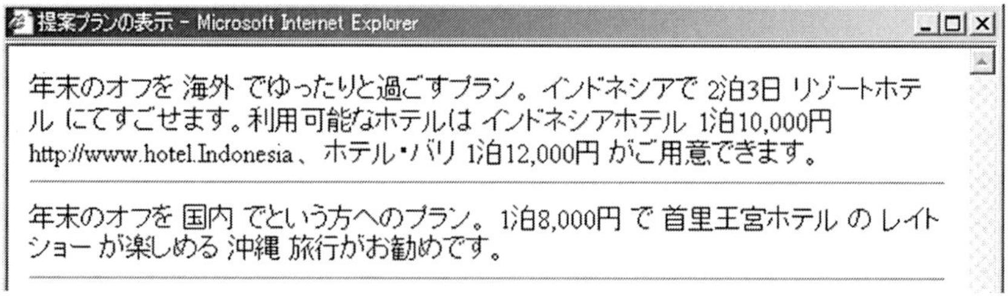

提案プランの表示 - Microsoft Internet Explorer

年末のオフを 海外 でゆったりと過ごすプラン。インドネシアで 2泊3日 リゾートホテル にてすごせます。利用可能なホテルは インドネシアホテル 1泊10,000円 http://www.hotel.Indonesia、ホテル・バリ 1泊12,000円 がご用意できます。

年末のオフを 国内 でという方へのプラン。1泊8,000円 で 首里王宮ホテル のレイトショー が楽しめる 沖縄 旅行がお勧めです。

出所：筆者作成。

多様なイメージをブラウザに表示することができる。また，〈画像〉要素の属性に定義された画像格納場所を用いてホテル画像をブラウザに表示させたり，〈ホテルURL〉要素値を用いて当該Webページへのリンクを生成したり，抽出されたプランの料金合計を計算表示することもできる。

　XMLでは，タグで囲まれた要素に記述された内容を1つの意味単位としており，要素の配列順序や階層構造をどこまで厳密に定義すべきかは，利用者の情報統制ニーズによって定義されるべきことと考えている。図表10-2のXML文書で，1つ目の〈プランイメージ〉の〈地域〉を〈シーズン〉の前に移動させると，図表10-4は図表10-6のようにセンテンス順序が変わるが，われわれの眼には情報は同じままであると映る。われわれがビジネスで扱うデータは，しばしばこのようなゆるやかな半構造データとなるが，リレーショナル・データベースの従来技術でこれを管理しようとしても無理である。いつまで経ってもデータベース構造が確定しないからである。XMLはタグによる要素指定という表現技術によって，半構造データを構造的データに変換することなく，半構造のまま有効にビジネス処理する機構を提供しようとしているのである。

　XSLTスタイルシートのテキストフォーマット変換機能を用いると，XML

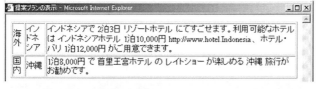

図表10-5　XML文書のブラウザへの多様な表示

注）　右の携帯電話画面イメージは，ドコモネット提供iモードHTMLシミュレータによる表示。
出所：筆者作成。

データ，HTML，CSV(13)，データベース更新データ，などを容易に相互変換することができる。ヘテロ(異質)な構造を持つデータベース間でデータ交換しようとすれば，従来技術ではインタフェース仕様の綿密なすり合わせが必要だったが，今後は要素の名前と意味の共有が確保されたXML文書を授受するだけでよくなる。ヘテロなデータ仕様の結合が避けられない企業間取引や，レガシー(既存)システムの統合が進まなかった企業内のデータ交換で，すでにこのようなXMLを応用した半構造データによるシステム結合の構築が始まっている。また，ナレッジ・マネジメント(knowledge management)において，しばしば自由文に近い形式での記述が求められる企業ノウハウデータベースの構築にXMLを応用する試みも始まっている。

XMLは，これまでにない柔軟なデータ処理によるドキュメント・コミュニケーションを可能とする特徴を備えているが，課題もある。要素を単位とするデータ処理である以上，ビジネス取引においては要素定義について厳格な意味統制の共有が不可欠となる。ところが，そのための有効な方法論がまだ確立していないため，どうしても企業間で随時個別に仕様が固められ，将来の拡張性が犠牲にされやすい点である。これについては，流通業(14)，製造業(15)，医療(16)，また，財務諸表(17)，電子申請(18)，地理情報システム(19)，その他各分野で共通仕様の策定が進められており，信頼に足る共通基盤作りが目指されている。

図表10-6　XML文書のHTMLへの変換例2

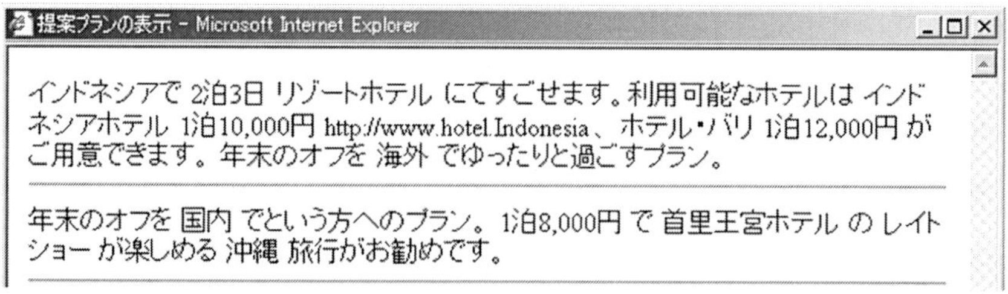
提案プランの表示 - Microsoft Internet Explorer
インドネシアで 2泊3日 リゾートホテル にてすごせます。利用可能なホテルは インドネシアホテル 1泊10,000円 http://www.hotel.Indonesia 、ホテル・バリ 1泊12,000円 がご用意できます。年末のオフを 海外 でゆったりと過ごすプラン。
年末のオフを 国内 でという方へのプラン。1泊8,000円 で 首里王宮ホテル の レイトショー が楽しめる 沖縄 旅行がお勧めです。

出所：筆者作成。

> コラム

インターネット公開の企業情報をマッシュアップした *Ullet* サービス

　ITベンチャーのメディネットグローバル社は，インターネット上に存在する企業財務情報を横断的に蒐集して分かりやすく表示するウェブ・サービス *Ullet* (http://www.ullet.com) を開発した。このシステムは，金融庁所管のサイトEDINET（金融庁に提出された開示書類をインターネット公開している）のHTMLファイルを情報蒐集クローラー・ソフトウェアで直接解析した企業データを核として，これに各社自身のRSS (Rich Site Summary) 配信情報や，ニュース・ブログの企業情報，Googleマップの地図情報などを加え，あたかも投資家や企業ウォッチャーのためのポータルサイトであるかのような体裁となっている。

　Ullet で表示する情報はすべてインターネットに公開された半構造データを用いている。これらはいずれもHTMLやXMLのようなマークアップ言語を用い，標準化されたスタイル仕様（EDINET仕様，RSS仕様，公開API仕様）で書かれている。こうしたデータ環境が整ったため，*Ullet* のようなインターネット上を回遊して公開データを自動蒐集するシステムを構築することができたといってよい。

　このように公開データアクセス手段を組み合わせて新たな情報提供手段を構築する手法を「マッシュアップ」と呼ぶが，*Ullet* の魅力はそれにとどまらない。*Ullet* は独自の企業カテゴリ化の考えに基づき，同業他社比較のほかに，類似した財務パターンをもつ企業群を集めた比較なども表示している。インターネットで企業情報を調べるとき，最初に検索エンジンで該当企業のホームページを探し，ホームページを閲覧したら，さらに検索エンジンで関連事項の調べを続けることが多いが，*Ullet* を使えば，こうした随伴検索のかなりの手間を省くことができる。*Ullet* の成功は，インターネット時代におけるシステム利用者が誰であり，彼らの情報要求がどのようなものであるかを教えてくれるものである。

《設問》
① ネットワーク技術が発展すると，なぜ情報システム開発の方式は大きく変わるのか，その理由を考察しなさい。
② インターネットを利用したビジネスの成功事例を1つ取り上げ，情報システムの特徴に着眼しながら，成功の理由を考察しなさい。

《注》
（1） 第3章の図表3-2を参照。
（2） Nolan〔1979〕pp. 115-126.
（3） ADSG（IBM），SDEM（富士通），HIPACE（日立），STEPS（NEC），METHOD-I（アーサーアンダーセン），PRIDE（MBA）などが著名。
（4） 技術士ソフトウェア研究会監修〔1991〕pp. 633-800。
（5） 各々別の場所で機能するサブシステム同士が，連携して1つのシステムを形成する結合形態のこと。
（6） SNA（IBM），FNA（富士通），HNA（日立），DINA（日本電気）などが著名。
（7） 「トランザクション」とは，コンピュータ処理上の取引データ単位であり，これを正常に完了（またはキャンセル）させるために，処理の開始から終了までのステップを監視する機構。
（8） 中央にあって集中処理する大型汎用コンピュータの処理負担を軽減するために，データの前処理やデータ伝送の制御などを補助的に担わせたコンピュータ。
（9） 汎用コンピュータに対するデータエントリ機能のほか，それ自身でビジネス処理を行なえる機能が搭載された端末機。当時「インテリジェント端末機」とも呼ばれた。
（10） パソコンユーザー自身の意思によるソフトウェア・インストールに紛れてインストールされ，パソコン利用活動をスパイ行為して得たデータを，ユーザーに気づかれない方法でユーザーに断りなく特定の場所に送信してしまうソフトウェア。
（11） オープンモバイル系メーカーの交流組織の公式サイト〈http://www.wapforum.org/〉（2008. 9. 22）。XHTMLはXMLのサブセットとなるよう仕様化されているため，異機種間のブラウザ仕様の相違を超えた携帯表示サービスの構築が容易となる。
（12） 各要素の直下に位置する文書構成単位のこと。属性，下位要素，要素テキストがこれにあたる。
（13） Comma-Separated Valuesの略。Excelなどの表データ交換用の標準フォーマット。各セルに納めるデータを，コンマ（,）によって分かち書きしたテキストファイル形式である。
（14） ebXML（Electronic Business using eXtensible Markup Language, 推進団体名も同じ）〈http://www.ebxml.org/〉（2008. 9. 22）。
（15） 製造業XML推進協議会（MfgX：Manufacturing XML）〈http://www.mfgx-forum.org/〉（2008. 9. 22）。

（16）　MedXML（Medical XML）コンソーシアムによる MML（Medical Markup Language）〈http://www.medxml.net/〉（2008. 9. 22）。
（17）　財務報告形式の国際標準 XBRL (eXtensible Business Reporting Language, 推進団体名も同じ)〈http://www.xbrl.org/〉（2008. 9. 22）。
（18）　ニューメディア開発協会「電子申請用XML様式の設計ガイドライン」〈http://www.nmda.or.jp/nmda/soc/tag.html〉（2008. 9. 22）。
（19）　G-XML（Geospatial XML）〈http://www.dpc.jipdec.or.jp/gxml/〉（2008. 9. 22）。

《参考文献》

Boehm, B. W.〔1981〕*Software Engineering Economics*, Prentice-Hall.
技術士ソフトウェア研究会監修〔1991〕『ソフトウェア生産工学ハンドブック』フジテクノシステム。
岸川典昭・中村雅章編著〔1998〕『経営情報論』中央経済社。
小泉澄ほか〔1994〕『アプリケーションエンジニアテキスト』中央情報教育研究所。
小泉修〔1997〕『LAN＆インターネット—図解でわかるサーバーのすべて—』日本実業出版社。
南澤宣郎〔1978〕『日本コンピューター発達史』日本経済新聞社。
Nolan, R. L.〔1979〕"Managing the Crises in Data Processing," *Harvard Business Review*.
竹下仁志監修〔1994〕『プロジェクトマネージャテキスト』中央情報教育研究所。
戸根 勤〔2002〕『ネットワークはなぜつながるのか』日経BP社。
山田祥寛〔2001〕『今日からつかえるXMLサンプル集』秀和システム。

（中西　昌武）

第11章

中小企業とネットワーク

――本章のまとめ――
① 中小企業の事業における資源不足を補う対策として，他企業との取引，異業種交流，産官学連携などのネットワークの活用が挙げられ，それらのネットワークを必要に応じて情報技術(IT)が支援する。
② ITの活用における資源不足を補う対策として，ITコンサルタント，ITベンダー，ITアウトソーシング，ASPの活用など，外部組織の力を借りる必要があるが，過剰な外部への依存は空洞化を招くため，ITに関わる人材を育てる必要がある。
③ ネットワーク化によって外部との連携が強くなるに従い，経営者，技術，人材育成力など，その企業のなかに残されている独自の能力がより重要になる。

第1節　中小企業のネットワーク化と情報化

　中小企業庁は，従業員数300人以下(卸売業，サービス業は100人以下，小売業は50人以下)，または資本金3億円以下(卸売業は1億円以下，サービス業，小売業は5,000万円以下)の企業を中小企業と定義している[1]。この定義に従うならば，日本の非1次産業に関わる全企業のうち，99.7％が中小企業であり，雇用者数においても66.2％が中小企業に属しており[2]，日本の経済成長を考える上で，中小企業が重要な役割を担っている様子がうかがえる。
　このような中小企業の特徴としては，以下の点が挙げられる[3]。

① シェアが低く，絶え間ない市場競争に直面している

限られた市場に多くの企業がひしめいているため，厳しい競争に直面する。社会のニーズに的確に対応できる中小企業のみが存続することができる。

② 経営資源が不足している

中小企業は大企業と下請け関係を結び，その技術や販売力を活用するなど，資源不足を補うために外部資源を活用する。

③ 非組織的意思決定の役割が大きい

中小企業は大企業のように多段階に階層化された組織ではなく，経営者がより強いリーダーシップを発揮する。

以上の中小企業の経営上の特徴は，どのようなネットワークを生み出し，またどのように情報技術（IT）と接点を持つのであろうか。まず，中小企業は絶え間ない競争に直面していることから，新製品の開発，販売経路の拡大，低価格化など生存のための差別化の手段を模索しており，その道具の1つとしてITの活用に期待が寄せられている。

次に競争を抜け出す施策を練っている中小企業は，経営資源の不足という問題に直面する。この経営資源の不足は事業そのものに関する資源の不足とIT活用における資源の不足の問題に分けられる。

事業のための人材や設備などの資源不足を補うために，中小企業は他企業との連携を模索し，取引や協力のネットワークを形成していく。このようなネットワークにおいては通信技術を活用した電子的な取引や情報交換など，ITがネットワークを支援する役割を果たす。

一方で中小企業は，他企業との差別化や他企業との取引の推進のためにITを活用する際に，ITを導入，運用するための人材，知識，資金などの資源の不足に直面する。それを解決するために，外部組織とネットワークを形成し，IT化のための知識の獲得や，コンピュータやソフトウェアなどのIT資源の共有を試みている。つまりネットワークがITを支援する役割を果たすことになる。

このような，事業に関する資源不足，そしてIT活用に関する資源不足の問題を乗り切るには，最終的に経営者のリーダーシップが重要になる。中小企業

では大企業以上に経営者の意思決定の役割が大きいことから，資源不足を補うためのネットワーク形成，そしてそれに伴なう情報化においても，経営者のネットワーク化や情報化への姿勢が，その企業の問題解決に大きく影響を与えると考えられる。

そこで以下では，中小企業の取引や情報交換のネットワーク化におけるITの役割，そして中小企業の情報化における外部組織とのネットワークの役割について詳しく眺め，最後に経営者の役割について触れていく。

第2節 中小企業のネットワーク化とIT

1．企業間連携とeMP

中小企業では，ほとんどの企業が，製造から販売までのプロセスの一部のみを請け負い，他の企業とさまざまな取引をしつつ経営活動を進めている。とくに日本では，特定の親会社と取引をし，また，その親会社からある程度の内部統制を受ける下請企業の存在が特徴であり，親会社と下請企業との間でネットワークが形成されている。このような下請企業は，比較的長い期間，取引関係が継続されることから，よく言えば親会社に守られながら，悪く言えば親会社のいいなりになりながら，経営を進めてきた。

親会社と下請企業とのネットワークにおける初期の情報化の特徴として，EDI (Electronic Data Interchange) が挙げられる。初期のEDIは，さまざまな仕様が存在したことから，取引に参加するためには親会社が利用している仕様に従った専用のソフトやハードを導入する必要があった。そのため，EDIへの参加は，中小企業にとって取引先を確保することにつながる一方で，決して安いとはいえない専門のシステムの導入が負担ともなった。これに対し，近年のインターネットを介したWeb型EDIの登場により，下請企業は，ブラウザがインストールされているパソコンを端末とするだけで，簡単に取引に参加できるようになった。

1990年代の不況と国際化の進展から，コスト削減を迫られた親会社は，少しでも安価な部品の購入を目指し，国内そして国外において安い取引先を探すようになった。そして，Web型EDIやインターネットに代表される情報技術の発展による取引の柔軟化により，親会社にとっても子会社にとっても系列外の企業との取引が容易となった。結果として，グローバル化と情報化の相乗効果によって，系列化が徐々に崩れ，オープンな取引が拡大している(4)。

　この環境のもと，下請企業を中心とした中小企業は独自に新たな取引先を探す必要に直面している。この中小企業のニーズに適合しているのが，eマーケットプレイス(e MarketPlace：eMP)である。仕事の受注を希望する企業と発注を希望する企業が，仕事の受発注を仲介するネット上のeMPに登録することにより，新たな取引先の開拓が可能になってきている。

　代表的な例として，製造業のeMPであるエヌシーネットワークが挙げられる(5)。エヌシーネットワークは東京の中小金型関連企業9社によって1998年に発足したeMPで，現在は国内だけではなく中国などの海外を含む15,000社を超える製造業が参加している。エヌシーネットワークのインターネット上のサイトには発注情報が掲載されており，そこから自社に合った仕事を探すことが可能となっている。また，登録企業の情報が掲載されており，発注を希望している企業が適切な受注先を探すことも容易となっている。

　しかし，必ずしもeMPが中小企業に新たな取引先を提供するわけではない。eMPでの取引は，オープンな自由競争を意味しており，高度な技術や品質，サービスなどの特徴を持っている企業にとっては，新たな取引先を獲得する意味では非常に有効な場所である。その一方で，大きな特徴を持たず，今まで系列によって保護されていた企業は，海外企業をも含めた厳しい競争にさらされることになる。上記のエヌシーネットワーク登録企業へのアンケートによると，ネットを介して受注が成立した企業は5割弱に留まっており，約半数の企業は受注を得ることができていないのが現実である(6)。

　インターネット上で取引相手を開拓するために自社の特徴を伝える手段としてホームページの役割が重要になる。中小製造業がインターネットを活用して事業拡大を図るために，ホームページに必要な情報や工夫として以下のものが

挙げられる[7]。
① コア・コンピタンスの認識とその明示：製品の強み，他社との違いなどの掲載
② 価値ある情報のオープン化：詳細な製品や技術情報の掲載
③ 情報交流機能の付加：電子メールや電子掲示板による相互交流
④ 顧客重視のコンテンツと頻繁な更新：平易な内容，画像ファイルの軽量化，頻繁な更新など

近年，エヌシーネットワークでは，取引の活性化と中小企業の活動支援のために個々の企業の強みがわかるホームページの制作・運用を代行するようになった。また，ホームページコンテストを開催することで，ホームページがeMPでの取引を促進する重要な役割を担っていることを登録企業に認識させるとともに，取引を促進させるホームページの具体的なイメージを実在のホームページを通して提供している。

2. 異業種交流とオンライン・コミュニティ

中小企業はWeb型EDIやeMPなどのネットワークを介して他企業と連携することで，設備や機能，生産能力などの経営資源の不足を補うことができるが，人材の不足やそれに伴なう情報，知識などの経営資源の不足は，このようなネットワークでは十分に補うことができない。

情報や知識の不足を補うことを目的とし，多様な情報，知識を交換する場として，異業種交流会が開催されている。異業種交流とは「異なる分野の異なる特性をもつ企業が，それぞれの持っている技術や情報をお互いに交換しあい，また結びつくことによって，新しい可能性を見出そうとする」活動である[8]。異業種交流は大きく「交流型」と「開発型」に分けられる。交流型は，交流を通して自社の経営の活性化，経営資源の強化・充実，経営上の課題の克服を目的とし，企業関係は緩やかであるのに対し，開発型は，新製品，新技術，新事業開発を目的とし，企業関係は強固なものとなっている[9]。また，開発型は交流段階，開発段階，事業化段階へと進展するが，その進展に従い，グループ

の方針・規約，リーダーの責任・実行力などがより重要になる(10)。

このような交流をバーチャルな空間で深めることを目的とした，中小企業向けのオンライン・コミュニティが運営されている。代表的なものとして，先述したエヌシーネットワークが挙げられる。エヌシーネットワークはeMPでの取引活性化と中小企業支援のために，『技術の森』という名前の会員による自主的な知識共有サイトを運営している。そこでは，会員から設計，開発，加工トラブルや工場経営などに関する質問が投稿され，それに対して知識のある会員が回答することを通して知識が共有されている。さらに，モノづくりに関する雑談が可能な掲示板を設けることで会員間の交流を深めることを支援している。このようなオンライン・コミュニティは交流を目的とし，緩やかな企業間の関係が形成されていることから，バーチャルな環境での交流型の異業種交流と位置づけられる。

3．産学官連携

社内の製品技術や研究開発に関する資源不足を補うために，大学を活用する産学連携，または都道府県などが設置した公設研究機関を活用する産官連携に取り組む企業がみられる。公設研究機関は地域の産業振興のために設立されたことから，企業を支援することが大きな目的であり，企業にとって身近な存在となっている(11)。これに対し大学は，企業からみた場合に敷居が高く，共同研究の窓口もわかりにくいことから，日本において産学連携は産官連携に比べて活発だとは言いがたい。

一方，アメリカにおいては産学連携が活発であり，大学内で開発されたさまざまな技術が企業に移転されているが，その背景には産学連携を促進する法律の存在がある。近年，日本においてもアメリカに倣った法整備が進められており，たとえば「産業活力再生特別措置法」により，公的資金による研究での特許の企業への帰属や，大学からの技術移転に伴う特許料および審査手数料の軽減・免除といった規則が設けられ，大学と企業が共同研究や共同事業を進める環境が整いつつある。

このような環境のもと，産学連携機関として TLO (Technology Licensing Organization) が各地で開設されている。TLO とは，大学内の研究成果を発掘・評価し，それを特許庁に特許として出願するとともに，その技術を企業に実施許諾（ライセンシング）し，対価として実施料を受け取り，大学に配分する技術移転機関である（図表11-1）(12)。大学にとっては眠っている研究成果を外部に提供する機会を得ることになり，また企業にとっては新たな技術を獲得する機会を得ることになる。

TLO は特定の大学が中心となり学内に設置されているものや，特定または複数の大学が中心になり，学外に設置されているものがある。また，会員企業を募り，それらの企業から会費を徴収している TLO も多い。一般に，TLO が保有する特許情報はデータベースに保存され，ホームページで公開されている。会員制度を導入している TLO では，会員企業が優先的に特許情報にアクセスできるなどの優遇制度を設けている。企業はホームページなどで公開された情報から必要な技術を探し出し，TLO と契約を結ぶことになる。

しかし，現状では技術提供が成立するケースは多いとは言えず，TLO は技

図表11-1　TLOの仕組み

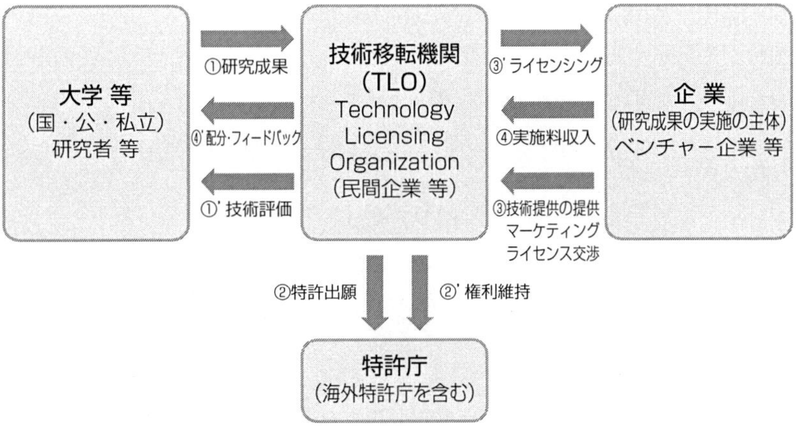

出所：文科省 http://www.mext.go.jp/b_menu/shuppan/sonota/020601/006.htm

術提供以外の付加価値を会員企業に提供することを通して経営を維持することをも試みている。学外型のTLOであるTAMA-TLO（八王子市）では，産学連携のためのコンサルティングや産学連携の企画・管理・運営に関するサービスを提供している[13]。たとえば産学共同研究プロジェクトの企画を立て，それに参加する大学や企業を募り，共同研究や製品開発を進めている。さらに，製造の段階においても，必要な加工技術を持っている企業を募り，高度な加工技術を所有している企業が技術を提供したり加工を受注したりできる機会をも提供している。このように，会員企業は技術獲得の機会を得るだけではなく，他社への貢献や仕事の受注など他の企業との関係を深める機会を得ることができる。

　このような産学連携は，現状では大企業による連携が中小企業に比べて活発であるが，連携がもたらす効果や連携に対する期待は，大企業と中小企業で異なる[14]。大企業では技術の獲得やそれらの技術の事業化といった直接的な効果だけではなく，社内研究者のレベルの向上といった研究ポテンシャルの向上をも期待しているのに対し，中小企業では技術の事業化やコスト削減など，より事業に直結した成果を求める傾向がある。しかし，大学での研究の進捗管理が企業ほどは厳密ではないために，企業側の期待に比べ大学側が成果を出すまでに時間がかるのが実状である。とくに，経営環境が厳しい中小企業は迅速な効果を求める傾向が強いが，産学連携は技術獲得や製品化といった直接的な効果とともに，研究能力の向上，交流の拡大，社内の活性化などの間接的な効果も大きいことを理解する必要がある。

第3節　中小企業の情報化とネットワーク

1．ITコンサルタントとITベンダー

　中小企業はITを活用する際に，ITを導入，運用するための人材，知識，資金などの資源の不足に直面するが，それを解決するために外部組織を活用す

る。具体的には，ITコンサルタントやITベンダーなどのIT関連業務のサービス受託企業に，業務を委託することを通して資源の不足を補うことを試みる。

ITコンサルタントは，サービス委託企業の仕事内容を精査し，仕事の流れや経営方針に関してアドバイスを提供し，ITを受け入れる社内環境を整える。また，ITベンダーは，具体的に顧客の必要とする情報システムを構築，導入し，保守に関わる。ただ，ITコンサルタントがシステム導入に関わるケースや，逆にITベンダーであっても導入準備段階からのアドバイスを積極的に提供する場合もあり，両者の境界を厳密に引くことは難しい。

このようなITコンサルタントやITベンダーを活用することで，情報化に関する人材や知識の不足を補うことができるものの，その一方で，外部に依存しすぎた場合に，情報化に関して社内が空洞化する恐れがある。そのため，社外の人材を活用しつつも，社内の人材を育成する努力が必要であり，適切な社内人材とサービス受託企業を選定し，両者を組み合わせて活用していく必要がある[15]。

社内の人材は，コンピュータの知識以上に主要管理業務に熟練し，業務改革に強い意欲を示している従業員がふさわしいとされる。このような人材は自社の戦略や情報化の方向を理解してIT導入・運用に携わるとともに，将来的にはその企業の幹部として経営を担うことになり，企業が将来にわたって全社的な視点から積極的に情報化を推進していく上で重要な役割を果たすことになる。逆に，コンピュータに詳しいが，全社的な視点から業務を眺めることのできない人材がIT導入業務に従事した場合，高度な機能を組み込みながらも現場の社員が使いこなすことができないシステムや，現場の業務に合わないシステムを導入する恐れがある。

また，適切なITコンサルタント，ITベンダーとして，システムの開発を通じて社内の人材を養成し，社員の能力を高めることを主に行なう業者が勧められる。逆に高尚な理論や最先端の事例を紹介する業者は，中小企業の体力を超えたシステムを導入する傾向があり，注意を要する。さらに，大企業や他業種で利用されているシステムを流用するベンダーも存在する。ベンダーが提案し

ているシステムが自社の業務に適合したものであるかを見極め，業者と交渉するためにも，ITとともに業務に精通し，業者に適切に対処できる人材が不可欠となる。

2．ITアウトソーシングとASP

　上記のITコンサルタントやITベンダーの活動は情報システムの導入時の支援が中心であるが，ITコンサルタントやITベンダーは，さらに踏み込んで，情報システム運用業務などをすべて受託する，ITアウトソーシングやASPというサービスを提供するケースもある。アウトソーシングは簡単にいえば業務の外部委託であるが，とくにIT関連業務のサービス受託企業への委託をITアウトソーシングと呼ぶ。ITアウトソーシングは，情報システムの管理，運用業務のみを委託する場合や，それに加えて情報システム利用業務をも委託する場合がある。ITアウトソーシングの受託企業は，自社内で(場合によっては委託企業に出向いて)情報システムを運用し，業務を遂行するため，委託企業は情報システムの管理，運用，さらにはそれを利用する業務から解放される。またASP (Application Service Provider) [16]は，ASPの受託企業がサーバーやアプリケーションソフトを自社内に設置し，委託企業がインターネットを介して，それらのサーバーやソフトを利用する形をとる。委託企業は情報システムの管理，運用からは解放されるが，情報システムを利用する業務は自社で行なうことになる(図表11-2)。

　このITアウトソーシングやASPでは，サービス受託企業は情報システム資源などを多数の組織に提供することから，高度な情報システムやサービスを安く提供することが可能となる。そのため，委託企業にとっては情報システムに関する人材やコストの削減に有効であり，経営資源の不足に直面している中小企業での利用が多くみられる。

　このような情報化の外部委託は，長期にわたって日常的な業務を外部に依存することから，単なるシステムの導入や保守の委託における関係以上に，委託企業と受託企業との関係が重要になる。両者の関係に関しては，初期において

第11章 中小企業とネットワーク

図表11-2　サービス受託企業への委託の形態

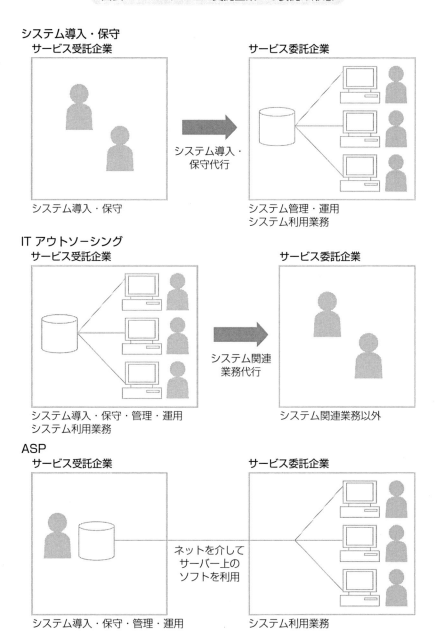

は委託企業が業者の選定や業務内容の指導など主導権を持ちつつ連携を進めるが，時間の経過に従い，受託企業がシステムの運用やデータの管理などにおいて主導権を握ることになり，委託企業はその受託企業なしでは業務を進めることに支障をきたすほどに過剰依存しやすくなる[17]。結果として，他企業がより高いレベルのサービスを安価で提供するようになっても，乗り換えコストや手間などを恐れ，現状に甘んじる可能性がある。

そのため，ITアウトソーシングやASPの活用においては，事前に受託企業のサービス内容を精査することが導入後の成否を左右する。たとえばASPベンダーと契約をする際に具体的に確認するべき事項として以下の点が挙げられる[18]。

① サービスの品質保証を明確化しているか
② セキュリティやシステムダウンに対する方策を説明したか
③ 自社業界の特性を認識しているか
④ 必要な通信品質を確保できるか
⑤ サービスをスムーズにやめられるか

3．サービス委託企業と受託企業との関係

ITコンサルタント，ITベンダー，ITアウトソーシングやASPの活用は単なる外部委託ではなく，委託後も受託企業との間で保守，トラブル対応，契約更新などの複雑な関係が継続する。中小企業の現状から，社外に情報化を一任することが短期的には容易である。しかし，長期的な視点から眺めると，外部の助けを借りながらも，全社的な視点から情報化をコーディネートし，また受託企業と交渉できる社内の人材を育成する必要がある。そしてそのような人材を活用しつつ，常に委託企業がある程度の主導権を持ち続けることが不可欠である。また受託企業は，中小企業が徐々に自立しつつ情報化を推進できるように支援，指導していく必要がある。つまるところ，委託企業と受託企業とのコミュニケーションや信頼関係が不可欠となる。

近年，委託企業と受託企業との間で仲介役を果たす人材として，ITコーデ

ィネータが注目されている[19]。ITコーディネータの資格認定制度は，経済産業省の提唱のもとに設けられた制度であり，ITコーディネータに認定されるためには，資格試験とともに実践的なケース研修の受講が求められている。このような人材には，中小企業を支援する視点から，経営者とベンダーとの橋渡しをすることが期待されている。

　このようなITコーディネータとITコンサルタント，ITベンダーが連携しながら中小企業の情報化を支援するケースもみられる。小規模ITベンダーのウェブサーブ(名古屋市)は，「すべては『顧客満足』のため」との理念を掲げ，中小企業の視点に立った情報化業務に携わっている。社長は以前，SE，プログラマーとして活動していたが，情報化支援は単にITを導入するだけではなく，ITを活かすための業務内容全体の改善を行なうコンサルティング業務であるとの結論に至り，自らITコーディネータの資格を取り，コンサルティングに力を入れるようになった。とくに情報化を推進する際の経営者の役割として目的設定が重要と考え，経営者が適切な目的を設定できるよう支援するよう心がけている。ただ，必ずしもIT導入につながらないコンサルティング業務に従事するには，ITベンダーとしての立場だけでは限界があることから，他のITコーディネータやコンサルタント，中小ベンダーと連携してECSAS(エクサス)という名のグループを作り，グループとして総合的なコンサルティング・サービスを提供している。具体的には，企業の目的や経営戦略の設定，業務の見直しや改善，管理者層へのコーチング・トレーニングなど，経営や人材育成の問題解決に取り組み，必要に応じてIT導入，運用のサービスを提供している。このように中小企業の視点に立ち，安易なIT導入を薦めるのではなく，経営の諸問題の解決に取り組むことを通して顧客企業との信頼関係を築きながら，継続的に中小企業の活動を支援している[20]。

第4節　経営者の課題

　以上，中小企業のネットワーク化と情報化について眺めてきたが，最後に忘

れてはならないのが，経営者の問題である。第1節で触れたように，中小企業では経営者のリーダーシップの役割が大企業以上に強く，情報化やネットワーク化においても同様にその影響力が強い。

中小企業の経営者には情報化に詳しくないために，情報化に関わることに躊躇する経営者も少なくない。しかし，経営者が情報化に詳しくない状況であっても，自ら積極的に情報化に関わる姿勢を示すことで，社員の情報化に対する意識を変えることができる。老舗の紙卸の鳴海屋紙店（仙台市）は，情報システムの陳腐化が進み，再構築を迫られるなかで，社長が「俺の考えについてこれない人間はやめてもらってもいい」と従業員に語り，強いリーダーシップを持って意識改革を進めていった。また，新システムへの移行の際には，パソコンを使い始めてわずか半年あまりの社長自ら，データ入力作業に携わった。社長のその姿をみて，従業員もその作業に積極的に参加するようになり，従業員のキーボード・アレルギーを払拭するとともに，「自分たちの情報システム」という意識を得ることができるようになった[21]。

一方，経営者が情報化やネットワーク化などに積極的であっても，社員の能力不足に直面する経営者も多い。しかし，経営者が社員の潜在能力を認め，その可能性に期待しつつ，時間をかけてコミュニケーションを図ることで，社員の成長を促すことができる。制御盤製造の大電工業（北名古屋市）は，現会長が社長時代から工場の現場に出ていき，常に社員とともに仕事をし，また食事を取るなど，日常から積極的に社員とコミュニケーションを図ることを心がけている。そして日常の会話のなかで，「○○ができればいいね」と語りかけ，ビジョンを社員と共有することを通して，時間をかけながら社員に当事者意識を植え付けることを心がけている。ITの活用においても，パソコン購入の際に，日常的に社員に相談することで，参加意識を持たせるように配慮している。その結果，入社時には就職に失敗したとの意識を持っていた社員の意識が変わり，積極的に新しいことに挑戦する社員が生まれた。たとえば，最新のパソコンCADを積極的に導入するとともに，インターネット普及前からインターネットを活用し，CADデータを海外の事業所と共有しつつ現地の人材を活用しながら設計・開発に取り組んでいる。また大企業でも取得に2〜3年かかる

ISO9000を半年で取得し，また近年ではISO14000を取得するなど，中小企業でありながら人材不足を感じさせない，積極的な事業活動を行なっている[22]。

このように，経営者が情報化，ネットワーク化に対して目標や熱意を持つことが重要であるとともに，社員とコミュニケーションを図ることでそれらを社員と共有する必要がある。さらに経営者は社員の可能性と能力を信頼して仕事を任せていくことで，社員は目標を実行に移す機会を通して成長していく。

中小企業は，資源不足を補うためにネットワークを活用して新たな技術やパートナーを獲得することが可能になるが，このことは，ライバル企業もまた同様の技術やパートナーを獲得することが可能であることを意味する。そのため，中小企業はその企業内に残された独自能力によって他企業との差別化を図る必要がある。たとえばeMPなどの企業間ネットワークの形成においては，その企業の独自の技術力などが問われる。また，ASPなどの情報化の外部委託では，サービス受託企業を見極め交渉する能力などが重要となる。さらに，情報化の推進にあたっては経営者の情報化への熱意や人材を育てる能力などが問われる。経営者は，ネットワーク化は中小企業に新たな技術やパートナーを提供する一方で，新たな競争相手をももたらすものであることを肝に銘じ，ネットワークの力を借りつつも内部の力を育てる努力を続ける必要がある。

コラム

eMPを活用して取引を拡大[23]

ブロー成型加工（自動車部品を中心としたプラスチックの加工）のオブコ（名古屋市）は，取引先の拡大を目指し，エヌシーネットワークを活用している。登録初期においてはただ登録している状況であったが，問い合わせが少ないことから，ホームページにブロー成型加工に関する説明や自社の技術，製品の情報を掲載し，またそれらに関する動画を公開するようにした。そして，ホームページに記述されている言葉を検討し，検索エンジンにおいて検索されやすいキーワードを含むように記述内容を工夫した。そうすることで，見積もり件数が目に見えて増加し，そのなかから新たな取引が生まれるようになった。加えて，見積もり依頼や自社

サイトのアクセス状況から、自社が第三者からどのように関心を持たれているかを把握することが可能となった。さらに、経営幹部が対面でのエヌシーネットワークのユーザー会に参加しているが、そこでは全国を相手に取引している企業と交流する機会が与えられ、自社の活動を拡大する上での刺激となっている。エヌシーネットワークへの参加が、取引とともにさまざまな情報や刺激をもたらす機会ともなっている。

また、情報化においてはコンピュータに詳しい人材が少ない状況であったが、パソコンと旧来のオフコンとの連携を目指すことをきっかけに段階的に情報化を推進している。導入時においては、管理職以上は一部を除きパソコンに疎い状況であったため、まず、それらの管理職にノートパソコンを支給し、自由に利用させることでパソコンのスキルを向上させた。そして、管理職がパソコンを活用している姿を見せつつ、次の段階として事務の現場に1人1台パソコンを導入するようにし、自然とパソコンを利用する雰囲気を作りながらパソコン利用業務が浸透するように情報化を進めていった。

技術面においても人材不足は否めないものの、顧客へのプレゼンテーションに現場のリーダー格の社員を同伴させ、会社が目指すものや会社の置かれている状況を共有させる機会を設け、自発的にそれらの社員が問題意識を持って新たな製品開発に取り組むことができるように後押ししている。また、「社会に貢献する」との企業の理念を名札に記載するようにし、会社の目標を意識させることで社員に進むべき方向を示している。

このように資源の不足に直面しつつも、既存の人材が、情報化において、また技術開発において自発的に取り組むことができる状況を提供することを通し、人材を育成し、また活用している。

《設問》
① 事業における資源不足をネットワークとITを活用してどのように補うことができるか説明しなさい。
② 情報化を進める際に、社外のIT関連業務のサービス受託企業や社内のITに詳しい人材に一任することの問題点について説明しなさい。
③ ネットワークを利用するほど社内の資源が重要になる理由を説明しなさい。

《注》
（1） 中小企業庁〔2008〕p. vii。

（2）　中小企業庁〔2008〕p. 349, p. 351。
（3）　清成・田中・港〔1996〕pp. 35-39。
（4）　情報ネットワーク化の下請企業への影響についての詳細は，上野〔1996〕を参照。
（5）　エヌシーネットワークの詳細は，以下のホームページを参照。
　　　〈http://www.nc-net.or.jp/〉(2009. 2. 7)
（6）　エヌシーネットワークによる調査より。
　　　〈http://www.nc-net.or.jp/services/accept/report/enq9.html〉(2009. 2. 7)
（7）　中山〔2001〕pp. 133-136。
（8）　日本学術振興会委託調査報告〔1985〕p. 27。
（9）　中山〔2001〕pp. 27-28。
（10）　中山〔2001〕pp. 45-47。
（11）　産官連携の詳細は，小川〔2000〕pp. 173-181を参照。
（12）　TLOの詳細は中原〔2006〕および以下のホームページを参照。
　　　〈http://www.mext.go.jp/b_menu/shuppan/sonota/020601/006.htm〉(2009. 2. 7)
（13）　TAMA-TLOの事例の詳細は，井深〔2005〕を参照。
（14）　産学連携がもたらす効果の大企業と中小企業での違いの詳細は，中原〔2006〕pp. 11-17を参照。
（15）　適切な社内人材と受託企業の選定についての詳細は，董〔1998〕pp. 46-48を参照。
（16）　近年，ネットワークを介したアプリケーションなどのサービス提供をSaaS（Software as a Service）と呼ぶことがあるが，一般にASPと同じものと解釈される。
（17）　Lee and Kim〔1999〕pp. 50-52.
（18）　大山〔2000〕pp. 91-92。
（19）　ITコーディネータの詳細については，以下のホームページを参照。
　　　〈http://www.itc.or.jp/〉(2009. 2. 7)
（20）　筆者の取材に基づく。またウェブサーブとECSASの取り組みや事例に関しては以下のホームページを参照。
　　　〈http://www.webserve.ne.jp/〉(2009. 2. 7)
　　　〈http://www.ecsas.jp/〉(2009. 2. 7)
（21）　大山・花澤〔2000〕pp. 78-79。
（22）　筆者の取材に基づく。
（23）　筆者の取材に基づく。

《参考文献》

中小企業庁編〔2008〕『中小企業白書(2008年度)』ぎょうせい。

井深丹〔2005〕「産学連携と中小企業振興，地域新産業創出に対するTLOの取組み」『精密機械学会誌』第71巻，第1号，pp. 24-27。

清成忠男・田中利見・港徹雄〔1996〕『中小企業論』有斐閣。

Lee, J. and Y. Kim〔1999〕"Effect of Partnership Quality on IS Outsourcing Success: Conceptual Framework and Empirical Validation", *Journal of Management Information Systems*, Vol. 15, No. 4, pp. 29-61.

中原秀登〔2006〕「産学連携による技術移転―TLOを中心に―」『千葉大学経済研究』第1巻，第1号，pp. 1-48。

中山健〔2001〕『中小企業のネットワーク戦略』同友館。

日本学術振興会　委託調査報告〔1985〕「異業種交流と中小企業」『商工金融』第35巻，第6号，pp. 3-83。

小川正博〔2000〕『企業のネットワーク革新』同文舘出版。

大山繁樹・花澤裕二〔2000〕「中小企業よ今こそ挑戦を」『日経情報ストラテジー』2000年4月号，日経BP社，pp. 36-55。

大山繁樹〔2000〕「先進事例に見るASP活用術」『日経情報ストラテジー』2000年7月号，日経BP社，pp. 84-92。

董彦文〔1998〕「Windows95時代における中小企業情報システムの開発戦略と進め方」『商学論集』第66巻，第3号，福島大学，pp. 33-49。

上野鉱〔1996〕「情報ネットワーク化と日本的産業システム」『研究季報』第7巻，第3号，奈良県立商科大学，pp. 53-63。

(向日　恒喜)

第12章

ネットワーク経営の未来

―本章のまとめ―
① 高度なデジタル・ネットワークが身の回りに浸透するユビキタス社会において，企業間・企業消費者間・消費者間の関係が大きく変化することが予測される。
② ネットワーク化やデジタル化により，モジュール化やコモディティ化が進展している。モジュール化やコモディティ化はグローバル規模での競争をますます本格化させている。
③ ネットワーク化やデジタル化が進捗したグローバル社会での競争においては，モノづくり一辺倒ではなく，国際市場において真に高い業績を上げるための企業規模，ビジネスモデル，グローバル規模での企業間および企業消費者間における関係性のマネジメント，施策の内容およびその優先順位やバランスを戦略的に検討し，実施することが重要になってくる。

第1節　変化する関係

　先進国においてはブロードバンド・インターネットが可能な回線が広く普及している。たとえば，アメリカのサンフランシスコ市では，市内のすべての人が無料でワイヤレス・インターネットに接続できるようになっている。
　一方，日本では携帯電話によるインターネット接続が日常化している。また，携帯電話などの情報端末を利用したデジタル家電やホームセキュリティに

関する遠隔操作も一般化しつつある。さらに，数ミリほどのICチップとデータの送受信が可能なアンテナを内蔵した電子タグを利用し，消費者が商品の生産者や流通履歴データを簡単にチェックできるトレーサビリティのシステムもすでに多くの実証実験が行なわれている。こうした「いつでも，どこでも，なんでも，誰でも」ネットワークに簡単につながるユビキタス社会の実現に日本政府は積極的に取り組んでいる[1]。

このような動向は日本をはじめ先進国に限定されるわけではなく，グローバル規模で進展しており，近い将来，世界の隅々にまで高度なデジタル・ネットワークが整備されるであろう。

今後，ますますユビキタス化が進行する社会において，企業間・企業消費者間・消費者間の関係は大きく変化するであろう。今日においても，すでにその兆候はみられる。

1．企業間の関係

2003年第2四半期の世界パソコン市場において，デル・コンピュータ（現デル社）はトップのシェアを獲得した[2]。こうしたデル社の躍進の原動力となったものが，受注生産と直接販売を主たる構成要素とするダイレクト・モデルである。パソコンをはじめ，ほとんどの消費財は需要予測に基づく見込み生産を行ない，流通業者を通じた間接販売の形態をとっている。しかし，デル社は流通業者を通さず，電話やFAXやインターネットを通じ，消費者から直接受注し，受注情報に基づき，サプライヤーに部品を発注し，カスタマイズした製品を製造・販売している[3]。

同社創業者のデル（Dell, M.）は，「販売チャネルとしての用途は，インターネットがビジネスにもたらす価値のうち，ほんの一部でしかない。インターネットの真の可能性は，従来のサプライヤー～メーカー～顧客という一連の関係を変貌させる点にある」と言及している[4]。こうした関係はバーチャルインテグレーションと呼ばれ，消費者やサプライヤーとのダイレクトな関係により，資本関係はないものの，仮想的統合が生じている。

近年，注目されている，調達～製造～販売という一連のプロセス全体の効率化を目指すSCM (Supply Chain Management) においては，従来，対立していた売り手・買い手の関係を全体最適を目指し協業するパートナーの関係に変容することが重要であると指摘されている。

また，従来，国内の同業種間で実施されることが多かった企業間提携であるアライアンスは，今後，国境や業種の垣根を超え，活発に行なわれると予想される。

2．企業消費者間の関係

「お客様は神様」「顧客満足度の向上」「顧客第一主義」といった言葉が巷にあふれているものの，実際，高い現行品を売りたい企業と安い新製品を買いたい顧客といった矛盾が存在する。

しかしながら，こうした関係すら，デジタル・ネットワークの進展は変えつつある。たとえば，インターネットを活用した消費者参加型の製品開発においては，メーカーが開発した製品を顧客が購入するという従来の構図をメーカーと顧客が情報交換を行ないながら製品を開発していくという構図に変えている。

また，サンフランシスコ市の無料のワイヤレス・インターネットはグーグル主導で提供されているため，グーグルは利用者の行動に関する情報を収集することができる。携帯電話によるインターネットが普及している日本においても同様の情報収集は可能であろう。もちろん，プライバシーに細心の注意を払う必要があるものの，こうした情報を活用すれば各ユーザーへのカスタマイズした情報提供が実現する。逆に，消費者サイドでも，各商品への電子タグの張り付けが一般化すれば，原料，生産地，流通経路など，商品や企業に関する多くの情報を容易に得ることができる。つまり，企業，消費者のお互いが以前とは比較にならないレベルで相手の情報を収集することが可能となる。これに伴い，企業の経営やマーケティング戦略，消費者の購買行動が大きく変化する可能性がある。

3．消費者間の関係

　無料で誰もが閲覧できるインターネット上のフリー百科事典であるウィキペディアは，一般の参加者の共同作業で項目の追加や修正が行なわれている。こうしたオンライン・コミュニティは，ビジネスにも活用されている。たとえば，世界最大のインターネット上における書店であるアマゾン・ドット・コム（Amazon.com）では，消費者が書評を作成し，他の消費者の購買行動に大きな影響を与えている。つまり，消費者間における購買行動の共同化が進捗している。

　また，イーベイ（eBay）やヤフー（Yahoo!）のオークションサイトにおいては消費者間の売買が活発に行なわれている。

　こうした関係の変化に注目し，垂直的および水平的つながりを効果的にマネジメントしていくことはデジタル・ネットワーク社会において企業の重要な課題となるであろう。

第2節　デジタル・ネットワークが誘因するグローバル競争

　企業を取り巻く環境に関して，インターネットに代表されるネットワークの急速な進展が一般によく指摘されている。インターネットにより，低コストかつ迅速なグローバル規模での情報の送受信が可能となっている。また，製品のデジタル化が進展していることも見逃せない。製品がデジタル化するということは，ソフトウェアの開発が必須となり，大きなリソースを必要とする場合が少なくない。たとえば，NTTドコモの通信規格に対応した携帯電話端末を開発するためには，ソフト開発費だけで約100億円を要する[5]。

　多額の投資を回収するために，完成品の販売量を増やすことに加え，部品としての出荷に積極的に取り組むメーカーも少なくはない。デジタル化された製品の開発には多大な労力を要する場合が多いものの，部品の組み立てにおいて

は従来のアナログ製品よりはるかに容易に実施できる。また，製品情報など技術に関する情報交換はネットワークの進展により，容易にグローバル規模で展開できる。

　このような状況は規格化された部品が容易に入手できるモジュール化を促進し，高度な技術力を有していないメーカーでも市場に商品を投入することが可能となった。その結果，エレクトロニクス商品を中心に高付加価値商品が一般商品化するコモディティ化が進行してきている。コモディティ化は価格の低下を招き，当然のことながら1商品あたりの利益も低下させる。これを補うために，多くのメーカーはシェアを拡大させ，規模の経済を得ようとする。よって必然的に広い市場を求めることとなる。

　こうした構図は産業革命後，機械化された生産設備により，大量生産が可能となったメーカーが広い市場を求めたことと極めて類似している。しかしながら，その規模においては格段の差が生じている。産業革命ではメーカーが広い市場を求めた結果，地方ごとに分断していた市場が国内市場に統一された程度であったが，今後のネットワーク社会においては国ごとの市場が国境を越え，国際市場に統合されようとしている。統一された国際市場での競争はますます熾烈なものとなるであろう。

第3節　デジタル・ネットワーク社会におけるビジネスモデル

　ボールドィン＆クラーク(Baldwin, C. Y. and K. B. Clark)は，モジュール化とは独立して設計されながらも全体としてともに機能する小さなサブシステムから複雑な製品やプロセスを構築することと定義し，モジュール化は競争の圧力を高め，また競争スピードも加速させると指摘している[6]。

　モジュール化への対応に関する研究においては，自前主義にこだわり，擦り合わせを重視する垂直統合型よりも，他社の技術との柔軟な組み合わせを重視する水平分業型を主としてビジネスを進めるほうが有効であるとの主張が支配的である。また，國領は，モジュール化は企業が得意領域に経営資源を集中

し，それ以外については大胆な提携によって他社資源を活用する，オープン型経営を採用することと密接に関係していると指摘している[7]。

製品に注目すると，自動車やプリンターなどにおいてモジュール化はそれほど進展していないものの，デスクトップ・パソコンをはじめ，DVD機器や携帯電話端末などにおいてはモジュール化がかなり浸透している（図表12-1）。擦り合わせを重視した垂直統合型を志向する傾向が強い日本メーカーは，モジュール化が進展しているデスクトップ・パソコンや携帯電話端末の国際市場において高いシェアを保持できていないとしばしば指摘されている[8]。

藤本は，厳密に言えば製品が全体としてモジュラー型かインテグラル型かという問いの立て方自体が正確ではないと指摘している。なぜなら，どのレベルの部品の話かによって異なり，たとえばインテルのマイクロプロセッサは他の部品に対して極めてオープンな部品だが，その中身はオープン・モジュールに分解できないと言及している[9]。

図表12-1　製品アーキテクチャの枠組み

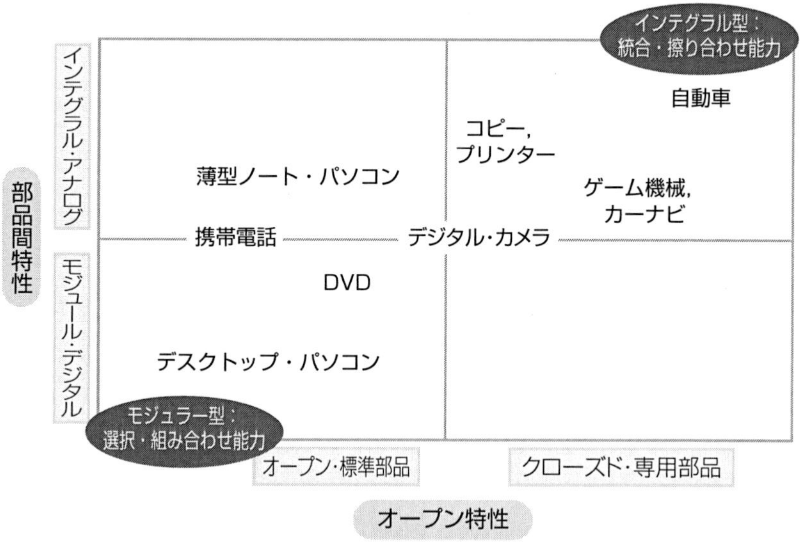

部品間特性	オープン特性	
	オープン・標準部品	クローズド・専用部品
インテグラル・アナログ	薄型ノート・パソコン	自動車 コピー，プリンター ゲーム機械，カーナビ
	携帯電話 ──── デジタル・カメラ ────	
モジュール・デジタル	DVD デスクトップ・パソコン	

インテグラル型：統合・擦り合わせ能力
モジュラー型：選択・組み合わせ能力

出所：延岡・伊藤・森田（2006）p. 21より作成。

このように製品全体や製品のレベル・段階におけるモジュール化の視点より数多くの研究が行なわれてきているが，モジュール化を静態ではなく動態的に捉えることが重要である。つまり，モジュール化が浸透した製品であっても，新たなイノベーションが生じると，業界で標準化されるまでに時間を要するため，その間は擦り合わせ技術に重きを置く垂直統合型の強みが強調され，時間が経ち，再びモジュール化が進展すると，今度は逆に組み合わせ技術を主とする水平分業型が有効に機能するというサイクルが，モジュール化に内在するということである。

　つまり，垂直統合と水平分業型のメーカーでは利益を得る時期が異なるため，よく議論されているような「垂直統合型メーカー vs. 水平分業型メーカー」という競争の構図ではなく，垂直統合型メーカー間，もしくは水平分業型メーカー間の競争になることが予想される。よって，必ずしも水平分業型のビジネスモデルを優先する必要はなく，モジュール化が進展しても垂直統合型と水平分業型は併存すると考えられる。ただし，モジュール化やコモディティ化の進展，国際市場での競争激化をキーワードとするデジタル時代においては，垂直統合型か水平分業型のどちらかにしっかりと特化する必要がある。どちらもバランスを取りながらというスタンスでは，価格や開発競争において，他社を圧倒する競争優位性が創出されないからである。

　重要なポイントは，どちらかのビジネスモデルを選択した上で，自社で取り組む部分と他社から調達する部分の線引きにあると考えられる。当然，垂直統合型を選択してもすべてを自社でまかなうことはできず，他社から調達する部分も存在する。よって，戦略的コア技術の見極めが重要になってくるであろう。逆に水平分業型でも技術力が低ければ大きく出遅れてしまう。なるべく早く製品を投入するために，技術の最新動向にアンテナを張り，柔軟な組み合わせを実現する最低限の技術レベルが必要となる。

　また，今後のデジタル・ネットワーク社会における重要なポイントとして，企業の規模に注目しなければならない。水平分業型を志向すると，モジュール化の浸透後に市場に参入することとなる。通常，このタイミングではコモディティ化の進行がみられ，商品の性能による差別化は困難であり，市場には多く

の競争相手が存在している。当然、価格競争も激化しており、競争を勝ち抜くために規模の経済を獲得する必要がある。そのためには広い国際市場に商品を供給する流通網を確立させなければならない。また、差別化のためにはブランド構築も重要なポイントとなる。これらを実行するには大きなリソースが必要となる。

　一方、垂直統合型のモデルを志向すれば、他社に先駆け、競争優位性のある製品を開発することが求められる。しかも各社とも、グローバル市場で強い影響力を保持することが可能となる製品に今まで以上に注力してくると考えられる。よって、グローバル規模での開発競争の激化により、製品のレベル、スピードに対する要求も極めて高いものとなるであろう。とりわけスピードに関しては、モジュール化により、優位性を保持できる期間は以前より、かなり短縮してきており、モジュール化やコモディティ化が浸透する以前の利幅の高い期間に幅広い国際市場から短期集中的に利益を得る必要がある。しかも製品のデジタル化の進行により、開発に投じなければならないリソースは以前と比較し、格段に大きくなってきている。よって、垂直統合型を志向してもやはり大きなリソースが必要となる。つまり、水平分業型もしくは垂直統合型のいずれを選択するとしても大きなリソースの投入が必須となり、それを可能とする企業規模の大型化は重要な課題となるであろう。

第4節　デジタル・ネットワーク社会における国際マーケティング戦略

　輸出活動にマーケティング技術の部分的活用を初めて行なった時期は1920年代まで遡るものの、国際マーケティングが戦略体系として構築されたのは、アメリカ系多国籍企業の多くが誕生した第2次世界大戦以降であり、当時は本国のマーケティングをそのまま単純に外延的に拡張した、エクステンション・マーケティングが主流であった[10]。

　その後、国際マーケティングでは、各国の市場に合わせたカスタマイズを重視する適応化、もしくは逆に国際市場に対して同一の商品を販売する標準化の

どちらが正しいのかという調整の問題が長きにわたり議論されてきた。

　1960～70年代においては，どちらかといえば適応化が優勢であった。しかし，1980年代に入り，レビット(Levitt, T.)は，情報通信や輸送といった技術の進歩により，世界中の誰もがこうした新たな技術により，聞いたり，見たりするすべてのものを欲するようになり，結果として標準化された商品が以前では想像もできなかったほど大きな割合を占めるグローバル市場が出現してきていることを指摘し，こうした市場への対応として，適応化に対する標準化された国際マーケティングの優位性を強く主張した[11]。レビットの指摘により，1980年代は，適応，標準，もしくは適応と標準のミックスのそれぞれの優位性について，活発に議論された[12]。その後，1990年代以降には，もはやこうした二分法尺度・基準によって分析・評価する時代ではないといった議論に移行してきている。また，竹内＆ポーター(Porter, M. E.)は，マーケティングを標準化すべきかどうかは間違った問いかけであると指摘している[13]。

　しかしながら，今後のネットワーク社会においては標準化の重要性が高まるであろう。確かに，市場間においては多くの消費者ニーズの相違が見受けられ，標準化志向は部分的な市場機会の放棄につながる。けれども，1980年代にレビットが指摘した情報通信や輸送といった技術の進歩による国際市場の同質化は，今後のデジタル・ネットワーク社会においてはますます強まってくる。また，モジュール化，コモディティ化が進行する環境では，従来とは比較にならないほどスピード・コスト競争力・広い地域での販売が求められる。これは垂直統合および水平分業のどちらのビジネスモデルを選択しても変わりはない。

　垂直統合の場合，モジュール化が進展する以前の短期間において利益を確保する必要があり，いち早く開発し，広い市場に商品を供給しなければならない。市場ごとに適応化を実行する時間的猶予はない。適応化に要する時間は，利益率の高い期間における商品投入を遅らせるため，重大な機会ロスを招く可能性がある。このロスは適応化により増幅するリターンよりもはるかに大きくなる傾向が高いであろう。

　一方，水平分業においてはコスト優位性が最重要課題となる。これは単に低価格で販売するための低コスト化を意味しているのではなく，各市場において

適正な価格で販売するための低コスト化である。たとえば、価格を重視し、ブランドを重要視する傾向が低い市場においては低価格販売の原資となるが、逆にブランドを重視する市場においては、より高価格での販売を目指し、ブランド構築を重視したマーケティングを実行するための原資とするべきである。よって、極力、広い市場に同一モデルの商品を販売し、規模の経済を働かせる重要性が増してくるであろう。

竹内＆ポーターは、国々に共通した標準的なマーケティング（グローバル戦略）と、各国に適合した個別のマーケティング（マルチ・ドメスティック戦略）の2つのマーケティングの方法が相互同時的に並行して行なわれることが重要であると主張している[14]。確かに、デジタル化の進展により、顧客ニーズに合わせた製品を低コストで生産するマス・カスタマイゼーション手法が進化してきていることは事実ではあるものの、標準化と適応化の相互同時的実施は標準化のメリットであるスピードとコストの効果を低下させる。よって、適応化と標準化のミックスにおいて、適応化の余地は最小限にとどめ、各市場におけるコモディティ化の進捗にあわせ、必要に応じて標準化に従属する形式で適応化を行なう戦略が広まってくる可能性がある。また、過度の適応化が求められる市場をビジネスの対象から除外することも有効な戦略の1つになり得るかもしれない。

第5節　デジタル・ネットワーク社会における競争戦略

1980年代を中心に日本メーカーは低価格で高品質の製品を世界に供給してきた。しかしながら、人件費が高騰し、インフラに関わる費用も高い日本において、仮に海外生産に積極的に取り組んだとしても、管理部門を中心にオペレーション・コストがかさむため、海外メーカー以上の低コスト体質を実現することはかなり困難であろう。また、革新的な製品開発に先行できたとしても、モジュール化の進展は技術的優位性を短期間にフラット化させる。

日本においては、しばしば自国の技術力の高さが強調される。たとえば、利

益が出ていない産業に対しても，製造現場の力や開発力といったモノづくりの力は高いものの，こうした力がうまく業績につながっていないといった分析が行なわれる。しかしながら，技術力や開発力などは，一般には特許数，不良率，リードタイムなどの基準で語られることが多く，技術の差が消費者の購買行動や満足度に実際，どの程度，影響を与えているのかについて明らかにされているわけではない。ちなみに，『情報通信白書平成19年版』に記載されている情報通信機器における技術力の評価や国際比較では日本の技術力の高さが強調されているが，日本の専門技術者を対象としたアンケート調査に基づくものであり，客観的な判断がなされているとはいえない[15]。

　デジタル・ネットワーク社会に向けて，日本のみが高い技術力を持っている，また今後も持続できる，モノづくりこそが日本の競争力の源泉であるといった「日本国モノづくり神話」とでもいうべき思い込みを疑う必要がある。もちろん，こうしたメンタリティにより，国の技術力が高度化されていくというメリットはあるものの，自前主義の垂直統合型ビジネスモデルを安易に助長する結果ももたらしてしまう。もちろん，それが適したメーカーもあるだろうが，ネットワーク化の進展がもたらす企業を取り巻く環境要因の変化を冷静に考慮すれば，水平分業型ビジネスモデルを採用する方が有効なメーカーも少なくない。一般に欧米メーカーと比較し，日本メーカーが苦手とするオープンな経営は今後ますます重要な課題となってくるであろう。

　また，「日本国モノづくり神話」はメーカー内における開発・生産機能を必要以上に重視する傾向につながり，逆を返せば経営戦略やブランド構築といった極めて重要な要素を含むマーケティングなどを軽視し，積極的なリソース投入を阻害することにもつながりかねない。海外大手メーカーはブランド構築を中心とするマーケティングに対して，単なるスローガンではなく，実際，大きなリソースを割いている。その結果，国際ブランド・ランキングにおいて，日本企業はトヨタとホンダの2社が上位20社にランクインしているだけであり，さらに上位100社に広げても7社しかランクインしていない[16]。ちなみに，パナソニックでさえ，サムスン（韓）やフィリップス（蘭）を大きく下回る78位という状況であり，ナショナルという製品名や松下電器産業という企業名をパナソ

コラム

日本の携帯電話端末

　1980年代の国際市場で，強い影響力を保持していた日本のエレクトロニクスメーカーは，1990年代以降，多くの製品においてシェアを大きく低下させ，苦戦を強いられるケースが少なくはない。携帯電話端末はこうした日本のエレクトロニクス産業を象徴する製品である。

　1980年代半ば，国際市場における日本の携帯電話端末のシェアは半数近くにも及んでいた。しかしながら，2005年において，日本に10社の端末製造事業者が存在するものの，そのすべてを併せても1割程度にしかならない。日本の携帯電話端末が国際市場において強い影響力を保持できない説明としては，通信規格の相違を根拠とするものが極めて多い。つまり，2G (Second Generation) においてグローバル・スタンダードとなった規格は，ヨーロッパ主導のGSM (Global System for Mobile Communications) であり，一方，日本が主導した規格であるPDC (Personal Digital Cellular) は，日本一国にしか採用されなかったことが指摘されている。また，NTTドコモをはじめとするキャリア（携帯電話通信事業者）に擁護された国内市場に注力し，海外市場に積極的に取り組まなかったとの指摘も目立つ。確かに日本市場においてはキャリアが大きな役割を果たしているため，メーカーのリスクが軽減されている面もある。

　こうした要因がもたらした影響は小さくはないものの，携帯電話端末産業におけるモジュール化の浸透も見逃せない。通信チップやOSはクアルコムやシンビアンから購入し，またカメラや液晶も日本や韓国の部品メーカーから調達すれば，どの国のメーカーでも携帯電話端末を市場に投入することができる。たとえば，2007年6月末に発売されたアップル社のiPhoneの部品は汎用品が主流で，しかも製造は台湾の専門業者に委託しているため，多額の設備投資を行なう必要すらない。つまり，伝統的に技術的な強みを保有する日本メーカーに限らず，高度な技術を保有していないメーカーにおいても端末の開発・製造が可能となっている。また，海外大手キャリアとの関係性，海外市場でのブランド力，コストなどにおいても日本メーカーの優位性は見受けられない状況である。こうした要因が国際市場における日本の携帯電話端末の影響力低下に大きな影響を与えている。

ニック・ブランドに統一した背景には，こうした状況に対する危機意識があったものと考えられる。

ネットワーク化やデジタル化が進展する国際市場においては，モノづくり一辺倒ではなく，真に高い業績を上げるための企業規模，ビジネスモデル，グローバル規模での企業間および企業消費者間における関係性のマネジメント，施策の内容およびその優先順位やバランスを戦略的に検討し，実施することが極めて重要になってくるであろう。

《設問》
① デジタル・ネットワークの進展により，企業間・企業消費者間・消費者間の関係はどのように変化するのか考えなさい。
② デジタル・ネットワークの進展は企業を取り巻く競争環境をどのように変化させるのか考えなさい。
③ 垂直統合型および水平分業型ビジネスモデルのメリットおよびデメリットについて述べなさい。
④ デジタル・ネットワークが進展した社会において，日本メーカーはどのような戦略を実施すればよいのか考えなさい。

《注》
（1） 総務省・ユビキタスネット社会の実現に向けた政策懇談会〔2005〕pp. 41-42。
（2） ガートナージャパン「ニュースリリース」2003年7月18日。
（3） 米国商務省〔1999〕pp. 176-180。
（4） Dell（訳書）〔2000〕pp. 331-332。
（5） 立川〔2006〕pp. 168-170。
（6） Baldwin and Clark〔1998〕pp. 84-93.
（7） 國領〔1999〕p. 21。
（8） 延岡・伊藤・森田〔2006〕pp. 19-23。
（9） 藤本〔2001〕pp. 4-7。
（10） 丸谷〔2001〕pp. 52-53。
（11） Levitt〔1983〕pp. 92-102.
（12） Zou and Cavusgil〔1996〕pp. 53-56.
（13） 竹内・ポーター〔1986〕pp. 60-62。

(14) 竹内・ポーター〔1986〕pp. 64-66。
(15) 総務省〔2007〕pp. 81-84。
(16) Interbrand〔2008〕Best Global Brands 2008.
〈http://www.interbrand.com/images/BGB_reports/BGB_2008_EURO_Format.pdf〉(2009. 2. 7)

《参考文献》

Baldwin, C. Y. and Clark, K. B.〔1997〕"Managing in an age of modularity", *Harvard Business Review* Sep-Oct, pp. 84-93.

米国商務省〔1999〕『ディジタル・エコノミー』東洋経済新報社。

Dell, M.〔1999〕, *Direct From DELL : Strategies That Revolutionized at Industry*, Harpercollins.（訳書，國領二郎監訳〔2000〕『デルの革命―「ダイレクト」戦略で産業を変える―』日本経済新聞社。）

藤本隆宏〔2001〕「アーキテクチャの産業論」藤本隆宏・武石彰・青島矢一『ビジネス・アーキテクチャ―製品・組織・プロセスの戦略的設計―』有斐閣, pp. 3-26。

國領二郎〔1999〕『オープン・アーキテクチャ戦略―ネットワーク時代の協働モデル―』ダイヤモンド社。

Levitt, T.〔1983〕"The Globalization of Markets," *Harvard Business Review*, May-June, pp. 92-102.

丸谷雄一郎〔2001〕「国際マーケティング概念規定に関する再検討」『経営総合科学』第77号, pp.51-70。

延岡健太郎・伊藤宗彦・森田弘一〔2006〕「第1章 コモディティ化による価値獲得の失敗：デジタル家電の事例」榊原清則・香山晋編著『イノベーションと競争優位：コモディティ化するデジタル機器』NTT出版, pp. 14-48。

総務省〔2007〕『情報通信白書平成19年版』ぎょうせい。

総務省・ユビキタスネット社会の実現に向けた政策懇談会〔2005〕『よくわかるu-Japan政策―2010年ユビキタスネット社会実現のための工程表―』ぎょうせい。

竹内弘高・M. E. ポーター〔1986〕「グローバル・マーケティングの戦略的役割―世界的規模でのコーディネーションの管理―」土屋守章編『技術革新と経営戦略―ハイテク時代の企業行動を探る―』日本経済新聞社, pp. 55-82。

立川敬二〔2006〕『ドコモを育てた社長の本音』日経BP社。

Zou, S. and Cavusgil, S. T.〔1996〕"Global strategy: a review and an integrated conceptual framework", *European Journal of Marketing*, Vol. 30, No. 1, pp. 52-69.

（大﨑　孝徳）

227

Index

和文索引

あ行 ☆

IC カード　108, 148
IT アウトソーシング　204
IT コーディネータ　206
IT コンサルタント　203
ID タグ　148
IT ベンダー　203
IP アドレス　27
i モード　111, 184
アウトソーシング　69
アウトバウンド　109
アクセス制御　34
アップル社　118, 132, 224
アフィリエーション　72
アマゾン・ドット・コム　73, 107, 216
暗号技術　35
アンソニー（Anthony, R. N.）　43
アンゾフ（Ansoff, H. I.）　60, 63
暗黙知　92

e マーケットプレイス　71, 154, 198
ERP システム　170
ERP パッケージ　182
異業種交流　199
意思決定：
　ノンプログラムドな──　48
　プログラムドな──　48
意思決定会計　161
意思決定支援システム　48
5つの競争要因　65
インターネット　10, 25
イントラネット　31, 152, 184
インバウンド　109
インフォミディアリ　74

ウィキペディア　216

Web 型 EDI　197
ウォルトン（Walton, R. E.）　90

エイコフ（Ackoff, R. L.）　48
エクストラネット　31, 152
エッカート（Eckert, J. P.）　42
NC 工作機械　139
エヌシーネットワーク　198, 209
MIS ブーム　46
エンドユーザー・コンピューティング　24

オーダーエントリーシステム　140
オープンシステム結合　181
オフィス・オートメーション　51
オペレーショナル・コントロール　44
オンライン小売業　74
オンライン・コミュニティ　76, 107, 200
オンライン・リアルタイム処理　22

か行 ☆

会計　158
会計基準のコンバージェンス　172
会計情報システム　167
会計情報のネットワーク化　162
会社法会計　159
開発型　199
外部資源活用戦略　69
仮説検証プロセス　54
仮想試作　128
価値連鎖　67, 168
可用性　33
関係性マーケティング　104
完全性　33
カンパニー制　85
管理会計　160

キースラー（Kiesler, S.）　89

基幹系　53
企業(全社)戦略　61
技術情報管理システム　140
機能別戦略　61
規模の経済　75, 150, 220, 222
機密性　33
キャッシュフロー計算書　160
業績評価会計　161
競争戦略　61, 65
共同化　92
業務機能関連図　178
金融商品取引法会計　159

グーグル　74, 215
グーパス　112
クラーク(Clark, K. B.)　217
クライアント/サーバー・システム　24, 53, 181
クラウド・コンピューティング　36
グランサム(Grantham, C.)　107
クリック&モルタル　75
グループウェア　32

経営者のリーダーシップ　207
経営情報システム　45
経営戦略　59
形式知　92
携帯インターネット　111
携帯電話　184
携帯電話端末　224
消し込み作業　164
原価管理システム　140
検索エンジン　74
検索の経済　75

交換パラダイム　101
公式組織　80
構造的データ　185
工程管理システム　140
構内通信網　23
購買・外注管理システム　140
交流型　199
ゴーリー(Gorry, G. A.)　49
コールセンター　109

顧客関係性管理　109
国際マーケティング戦略　220
コスト・リーダーシップ戦略　66
コミュニケーション　87
コモディティ化　217
コンカレント・エンジニアリング　123
コンティンジェンシー理論　82
コンピュータ・ウィルス　34, 183
コンピュータ・ネットワーク　23

さ行 ☆

サーチ・エコノミー　75
サイマルテニアス・エンジニアリング　130
財務会計　159
財務諸表　160
サイモン(Simon, H. A.)　46
サザーランド(Sutherland, I. E.)　127
サプライチェーン・マネジメント　70
差別化戦略　66
産学連携　200
産官連携　200
産業活力再生特別措置法　200
3次元CAD　128
3次元モデル　126

事業戦略　61
事業部制組織　85
刺激-反応パラダイム　101
市場開発戦略　63
市場浸透戦略　63
システム・アーキテクチャ　180
システム・インテグレータ　24, 182
下請企業　197
実践コミュニティ　94
自動仕訳受入型　167
社会的効果の2面性　90
集中処理方式　23
集中戦略　66
重複型　125
受注管理システム　139
消費財取引の産業財取引化　102
消費者参加型製品開発　110, 113
消費者発信型メディア　76

情報系　53
情報システム　176
情報処理パラダイム　83
情報スーパーハイウェイ　9
情報セキュリティ　33
情報仲介業　74
職能別組織　84, 121

垂直統合型　217
　——ビジネスモデル　223
スイッチングコスト　103
水平分業型　217
　——ビジネスモデル　223
スコット-モートン(Scott Morton, M. S.)　48
ストーカー(Stalker, G. M.)　82
スパイウェア　183
スプロール(Sproull, L.)　89

生産　136
　——の3条件　137
　——のグローバル化　149
生産管理　137
　——情報システム　139
生産計画システム　140
生産準備　121
生産情報システム　138
生産要素　137
製造　136
成長ベクトル　63
制度会計　159
製品開発システム　119
製品開発戦略　63
製品開発組織　121
製品開発プロセス　119
製品企画　120
製品設計　120
製品のデジタル化　216
税務会計　159
SECI(セキ)モデル　92
設計　136
セブン-イレブン　54
戦略的計画　44
戦略的情報システム　9, 50

戦略的提携　70

組織　79
組織構造　81
組織プロセス　81
損益計算書　160

た行 ☆

第1次回線開放　14
第2次回線開放　14
第3次回線開放　14
貸借対照表　160
ダイレクト・モデル　73, 77, 214
ダウリング(Dowling, G.)　109
ダウンサイジング　24
多角化戦略　63
竹内弘高　92, 221, 222
多端末現象　153
単独機能型　167

逐次型　125
知識　91
知識創造パラダイム　84
知識創造プロセス　92
知識統括役員　94
知識ワーカー　91
チャンドラー(Chandler, Jr., A. D.)　59, 83
チャンピー(Champy, J.)　16
中小企業　195
調達　136

提携　70
データ処理　42
データフロー・ダイヤグラム　178
データベース型　168
データベースの論理統合　177
デジュール・スタンダード　25
デファクト・スタンダード　25, 152
デル(Dell, M.)　214
デル社　74, 77, 214
電子コミュニケーション　88
電子商取引　11
電子帳簿保存法　166

電子データ交換　10
伝統的組織論　82

同時並行型　125
統制の幅　81
トップダウン設計　178
ドメイン　60
ドメイン名　27
ドラッカー（Drucker, P. F.）　91

――――― な行 ―――――☆

内面化　93
ナレッジ・マネジメント　31, 91, 95, 190
ナレッジエンジニア　94
ナレッジマネジャー　94

２次元CAD　128
２次元モデル　126
２段階の効果　89
認証　35

ネットビジネス　72
ネットワーク外部性　75
ネットワーク組織　86

ノウフー　94
野中郁次郎　92
ノラン（Nolan, R. L.）　177
ノンプログラムドな意思決定　48

――――― は行 ―――――☆

場　93
バーチャル・コーポレーション　87
バーナード（Barnard, C. I）　79, 88
バーニー（Barney, J. B.）　68
バーンズ（Burns, T.）　82
パイン（Pine, Ⅱ B. J.）　105
パケット交換　27
バッチ処理　22
ハマー（Hammer, M.）　16
半構造データ　186

非公式組織　80

ビジネス・プロセス・リエンジニアリング　16, 70
ビジネス・プロセス確定　183
ビジネスモデル　73, 219
表出化　92
品質管理システム　140

ファイアウォール　34
付加価値通信網　152
部品表システム　146, 151
プレディクティブ・ダイヤラー　110
プログラムドな意思決定　48
プロジェクト組織　86, 122
プロダクト・ポートフォリオ・マネジメント　64
プロダクトアウト　7, 101
プロダクトモデル　127
フロント・ローディング　124
分散システム結合　178
分散処理方式　23

ベーム（Boehm, B. W.）　177
ベリー（Berry, L. L.）　104

ボイス・ロギング・システム　110
ポイントカード　108
貿易金融EDI　165
ポーター（Porter, M. E.）
　　51, 60, 65, 168, 221, 222
ボールドィン（Baldwin, C. Y.）　217
簿記　159
ポジショニング・ビュー　65
ボトムアップ構築　178
ホワイトカラー　6

――――― ま行 ―――――☆

マーケットイン　7, 101
マーケティング・ミックス　100
マーケティングの定義　100
マイレージカード　108
マッシュアップ　191
マトリックス組織　86, 122
マネジメント・コントロール　44

みどりの窓口　12

ミンツバーグ(Mintzberg, H.)　62

メインフレーマー　180
メインフレーム　21, 52, 53

モークリー(Mauchly, J. W.)　42
モジュール化　217
持株会社制　85

や行 ☆

ユビキタス社会　214

4P　100

ら行 ☆

リーセンシー効果　112
リーチ　72
リソース・ベース・ビュー　68

リッチネス　72
利用者認証　183

ルーター　27

レビット(Levitt, T.)　221

連結化　93

ローシュ(Lorsch, J. W.)　83
ローレンシュ(Lawrence, P. R.)　83
ロングテール　76

わ行 ☆

ワイズマン(Wiseman, C.)　50
ワン・トゥ・ワン・マーケティング　105
ワンタイム・パスワード　183

欧文(略語)索引

ADSL　27
ALC　147
ARPANET　26
ASP　204

BPR　16, 70, 169

CAD　126, 128
CAE　128
CALS　8
CAM　128
CASE　130
CAT　128
CE　123
CGM　76
CIM　143
CKO　94
CMS　163
CNC　141
CoP　94

CRM　109, 170
CSV　190
CTI　110

DNC　141
DP　42
DSS　48

EC　11
ECR　10
EDI　10, 197
EDINET　167, 191
eMP　71, 198
ENIAC　41
ERP　53, 143, 170
EUC　24

FA　141
FFP　108
FMC　141

FMS	141	QR	10
FSP	108		
		RBV	68
GII	9		
GPS	32	SaaS	36
		SCM	70, 169, 215
IBM	42, 118	SE	130
iPhone	224	SIS	9, 14, 50
iPod	118, 132	SNS	76, 95
ISOC	29	STEP	128
LAN	23	TCP/IP	27, 152
		TLO	200
M&A	69		
MIS	45, 176	UNIVAC I	42
MML	53	URL	29
MRP	142, 169		
MRP II	142	VAN	152
		VC	87
NII	9	VPN	31
OA	50	WWW	26
PaaS	36	XBRL	167
PPM	64	XHTML	184
		XML	186
QCD	137	XSLT	186

執筆者紹介（執筆順）

（編著者）
岸川　典昭（きしかわ・のりあき）〔第1章担当〕
中村　雅章（なかむら・まさあき）〔第4章，第5章担当〕

（著者）
星野　雪子（ほしの・ゆきこ）〔第2章担当〕
　　名古屋市立大学大学院システム自然科学研究科博士後期課程単位取得退学
　　現在，名古屋産業大学現代ビジネス学部准教授

堀川　新吾（ほりかわ・しんご）〔第3章担当〕
　　龍谷大学大学院経営学研究科博士後期課程単位取得退学
　　現在，名城大学経営学部教授

大﨑　孝徳（おおさき・たかのり）〔第6章，第12章担当〕
　　九州大学大学院経済学府博士後期課程修了
　　神奈川大学経営学部教授・博士（経済学）

武藤　明則（むとう・あきのり）〔第7章，第8章担当〕
　　名古屋市立大学大学院経済学研究科修士課程修了
　　現在，愛知学院大学経営学部教授

吉田　康英（よしだ・やすひで）〔第9章担当〕
　　名古屋大学大学院経済学研究科博士後期課程修了
　　現在，中京大学経営学部教授・博士（経済学）

中西　昌武（なかにし・まさたけ）〔第10章担当〕
　　筑波大学大学院教育学研究科博士課程中退
　　現在，名古屋経済大学経営学部教授・工学博士

向日　恒喜（むかひ・つねき）〔第11章担当〕
　　大阪工業大学大学院工学研究科博士後期課程修了
　　現在，中京大学経営学部教授・博士（工学）

《編著者紹介》

岸川 典昭（きしかわ・のりあき）
中央大学大学院商学研究科博士後期課程満期退学
現在，名城大学経営学部教授
〈主な著書〉
『現代経営学序説』(共著)同文舘出版，1997年。
『経営情報論』(編著)中央経済社，1998年。
『経営戦略論』(共著)八千代出版，2000年。

中村 雅章（なかむら・まさあき）
名古屋工業大学大学院工学研究科博士後期課程修了
現在，中京大学経営学部教授・工学博士
〈主な著書〉
『経営情報論』(編著)中央経済社，1998年。
『組織の電子コミュニケーション』中央経済社，2003年。
『経営科学と意思決定』税務経理協会，2006年。

平成16年10月1日　初版発行
平成21年4月15日　新版発行　　　　　〈検印省略〉
令和4年9月7日　新版8刷発行　略称：現代ネット(新)

現代経営とネットワーク
[新版]

編著者　©	岸川　典昭
	中村　雅章
発行者	中島　治久

発行所　同文舘出版株式会社
東京都千代田区神田神保町1-41　〒101-0051
電話　営業03(3294)1801　振替00100-8-42935
　　　編集03(3294)1803　http://www.dobunkan.co.jp/

printed in japan 2009　　　　　　　印刷：DPS
　　　　　　　　　　　　　　　　　製本：DPS

ISBN978-4-495-37303-0

JCOPY〈出版者著作権管理機構 委託出版物〉
本書の無断複製は著作権法上での例外を除き禁じられています。複製される場合は，そのつど事前に，出版者著作権管理機構（電話 03-5244-5088, FAX 03-5244-5089, e-mail: info@jcopy.or.jp）の許諾を得てください。